Lettres ouvertes

Cyrille Barrette – Jean-Guy Saint-Arnaud

Lettres ouvertes

Correspondance entre un athée et un croyant

MÉDIASPAUL

Médiaspaul reconnaît l'aide financière du Gouvernement du Canada par l'entremise du Fonds du livre du Canada, du Conseil des Arts du Canada et de la Société de développement des entreprises culturelles du Québec (SODEC) pour ses activités d'édition.

Conseil des Arts du Canada — Canada Council for the Arts — Patrimoine canadien — Canadian Heritage — Société de développement des entreprises culturelles Québec

Catalogage avant publication de Bibliothèque et Archives nationales du Québec et Bibliothèque et Archives Canada

Barrette, Cyrille, 1945-

Lettres ouvertes : correspondance entre un athée et un croyant

Comprend des réf. bibliogr.

ISBN 978-2-89420-913-4

1. Saint-Arnaud, Jean-Guy, 1934- – Correspondance. 2. Barrette, Cyrille, 1945- – Correspondance. 3. Foi et raison – Christianisme. 4. Religion et sciences. 5. Croyants – Québec (Province) – Correspondance. 6. Athées – Québec (Province) – Correspondance. I. Saint-Arnaud, Jean-Guy, 1934- . II. Titre.

BX4705.S24A4 2013 282.092 C2012-942666-0

Composition et mise en pages : *Robert Charbonneau*
Maquette de la couverture : *Fabienne Prieur*
Illustration de la couverture : © *Museum of Fine Arts, Boston, Paul Gauguin « Where Do We Come From? What Are We? Where Are We Going? », 1897-1898*

ISBN 978-2-89420-913-4

Dépôt légal — 1er trimestre 2013
Bibliothèque et Archives nationales du Québec
Bibliothèque et Archives Canada

3965, boul. Henri-Bourassa Est
Montréal, QC, H1H 1L1 (Canada)
www.mediaspaul.qc.ca
mediaspaul@mediaspaul.qc.ca

Médiaspaul
48, rue du Four
75006 Paris (France)
distribution@mediaspaul.fr

Imprimé au Canada – Printed in Canada

Mot de l'éditeur

Susciter un échange entre un athée et un croyant sur les grandes questions de l'existence, telle est l'idée qui nous a amenés à présenter l'un à l'autre Cyrille Barrette et Jean-Guy Saint-Arnaud. Tous deux curieux de l'univers de l'autre, le réputé biologiste de l'Université Laval et le jésuite bien connu ont accepté spontanément notre proposition. Selon leur vœu, la formule de la correspondance devait être la suivante : chacun de son côté écrirait sa réponse à une question, puis l'enverrait à l'autre, après quoi chacun répliquerait plus brièvement à la lettre reçue.

D'où venons-nous ? Qui sommes-nous ? Où allons-nous ? L'être humain est-il libre ? Qu'est-ce qu'une vie réussie? Le choix des auteurs s'est porté sur ces questions décisives qui nous tenaillent tous, ainsi que sur d'autres situées au carrefour de leurs univers respectifs, telles les questions du miracle, de la connaissance, de la nature de l'âme.

Cette entreprise épistolaire étalée sur quelques semaines s'est déroulée en crescendo, la différence des visions amenant peu à peu chaque auteur à défendre avec passion et brio la science d'une part, la foi de l'autre. Il en résulte des lettres aussi stimulantes par la richesse de leur contenu que par leurs forts contrastes. Aussi invitent-elles à une lecture sans hâte, où l'on ponctue et prolonge par sa propre réflexion les propos tenus. En ce sens, elles forment à double titre des « lettres ouvertes ».

Introduction

Pierrefonds, mars 2012

Je n'ai pas hésité, j'ai dit oui immédiatement, j'ai accepté spontanément d'entreprendre une correspondance avec un savant naturaliste pour qui Dieu n'a pas lieu d'exister. Autant la vie spirituelle et la religion m'intéressent, autant l'incroyance et l'athéisme m'interrogent. J'ai eu le privilège de découvrir, au collège, avant même de devenir jésuite, John Henry Newman. Il a été, tout au long de ma vie, mon maître à penser et mon père spirituel. Je me suis nourri, avec gourmandise, des œuvres et de la pensée de cet homme qui, tout au long de sa vie, a exploré passionnément l'univers de sa foi, une foi mise en doute par ses meilleurs amis et contestée par les rationalistes et les sceptiques de son temps.

La foi de Newman s'est toujours manifestée et affirmée sur ce fond réaliste de l'incroyance ambiante, dans le contexte concret où s'exprimaient les difficultés de croire de son époque. Ses réflexions religieuses nous placent sans cesse devant l'alternative radicale entre la foi et l'incroyance, et devant le devoir de choisir. Pour lui, il n'existe pas, en saine logique, de milieu entre l'athéisme et le catholicisme. La grande question qui se pose dès lors est celle de l'orientation fondamentale de notre vie : vers quel pôle sommes-nous en marche, vers quel terme nous conduit la fidélité profonde de notre conscience, vers quelle destination nous amènent les dynamismes de base qui dirigent notre existence ?

C'est avec cette toile de fond, sur cet horizon de pensée, que j'entreprends ma correspondance avec Cyrille, trop heureux de poursuivre, à ma mesure et à ma manière, le dialogue de Newman avec son ami William Froude. Cet ingénieur sceptique a été pour lui le catalyseur de ses réflexions sur la foi. Newman, en quelque sorte, lui doit sa dernière œuvre, son *opus magnum,* la *Grammaire de l'assentiment,* où il tente de réconcilier la foi et la raison, sujet déjà abordé dans ses célèbres *Sermons universitaires* et qui constitue la trame de sa pensée religieuse.

Comprendre ma foi, l'approfondir, pouvoir l'exprimer adéquatement pour en montrer la pertinence et l'actualité, comprendre aussi les non-croyants et les athées qui ne partagent pas mes convictions religieuses, tel est le désir qui m'habite au départ de cette correspondance. Il s'agit non pas d'un débat, ni d'une controverse, mais d'un accueil, d'une volonté de compréhension et d'inculturation ! Croyants ou incroyants, nous sommes tous « embarqués », comme disait Pascal, soumis aux mêmes difficultés et aux mêmes énigmes. Il nous faut apprendre à vivre ensemble comme des frères humains, et à accueillir nos différences respectives comme des richesses et non pas comme des menaces. Je pense personnellement que notre correspondance n'a pas tellement comme but d'apporter des réponses, mais bien plutôt de poser les vraies questions sur la vie de foi et sur l'athéisme.

Je remercie à l'avance Cyrille d'avoir accepté de tenter avec moi l'aventure et le fol espoir de faire dialoguer science et religion.

Jean-Guy Saint-Arnaud

Saint-Augustin, mars 2012

Je suis heureux, Jean-Guy, de cette occasion de vous présenter quelques réflexions sur de grandes questions existentielles têtues. Je suis doublement heureux de pouvoir les offrir à la comparaison et à la critique d'une pensée articulée venue d'un autre monde que le mien. Mon monde est celui de la pensée naturaliste. C'est le monde de la raison et de son expression la plus achevée, la science.

Selon le langage des croyants, je suis un « a-thée » ou un « in-croyant ». Mais ces étiquettes disent ce que je ne suis pas ; elles ne disent rien de ce que je suis. C'est aussi injuste et dévalorisant que de dire d'un papillon ou d'une étoile de mer qu'ils ne sont que des « in-vertébrés », c'est-à-dire de pauvres bêtes privées de vertèbres. C'est faire offense à leur beauté et à leur nature. C'est comme si, en termes de citoyenneté, il n'y avait que deux options : être soit Québécois ou non-Québécois. Il n'y aurait alors ni Népalais, ni Mexicains, ni Turcs, ni Italiens, rien de toute cette riche diversité culturelle et historique en dehors du Québec, seulement des gens privés de la citoyenneté québécoise. Il en est de même des mots « athée » et « incroyant » qui me désignent par un manque, m'enfermant dans une définition négative. De plus, nous baignons tellement dans la culture religieuse depuis toujours que ces mots me définissent, paradoxalement, en référence à Dieu comme s'il n'y avait que la croyance en Dieu comme cadre de référence du discours spirituel et intellectuel. Ce n'est bien sûr pas le cas. Il existe en effet un vaste monde intellectuel et spirituel, sans référence à Dieu.

Mon discours sera donc celui de la raison, de la science, de la biologie, puisque c'est mon domaine d'expertise, un discours de naturaliste. Le discours naturaliste-scientifique ne prétend pas démontrer l'inexistence du surnaturel. Cependant, il ne croit pas en son existence et surtout il s'interdit d'invoquer, même à doses homéopathiques, le surnaturel dans ses explications. Sur le surnaturel, la science est catégoriquement et inévitablement agnostique, c'est-à-dire littéralement sans connaissance (la foi l'est tout autant). L'agnosticisme n'est pas une façon de dire: «Le surnaturel existe peut-être, mais malheureusement on ne peut pas le connaître», mais plutôt d'affirmer seulement: «Le surnaturel ne peut pas être un objet de connaissance, il appartient au monde de la croyance.»

Face aux croyants, j'accepte donc d'être désigné comme agnostique et athée. Cependant, dans les faits, je suis un naturaliste, et ce, dans deux sens du mot. D'abord par opposition à surnaturaliste, puis pour souligner que seule la nature, et toute la nature, m'intéresse, incluant mon cerveau, mes petits-enfants, la forêt, la mer et les galaxies, et je pense que seule l'observation de la nature peut permettre de comprendre la nature, dont je fais pleinement partie.

Je vous offre donc, Jean-Guy, ainsi qu'au lecteur, ma réflexion et ma voix de naturaliste. Souhaitons-nous mutuellement, de même qu'au lecteur, de trouver dans nos deux discours matière à éclairer la pensée sur les questions que nous allons oser aborder. Ces onze questions sont plus grandes et plus profondes que les capacités de la raison et de la science d'y répondre. Mais ce n'est pas une raison suffisante pour ne pas tenter d'y répondre malgré tout. C'est ce que je tenterai ici de faire avec mes faibles moyens.

J'essayerai autant que possible de parler au nom de la science, mais mes réponses seront tout de même personnelles, et j'en assume toute la responsabilité. Mon engagement est donc simplement de tâcher d'être vrai et fidèle jusqu'au bout à mes convictions de naturaliste.

Cyrille Barrette

1

D'où venons-nous?

Pierrefonds, avril 2012

J'aime penser que chaque personne est, pour ainsi dire, un pays à elle seule. Il nous faut, pour vraiment la rejoindre et la rencontrer, apprendre sa langue, son histoire, sa façon de sentir et de penser. Subir aussi le choc culturel et accueillir ses différences, en comprenant bien que les différences ne sont pas des menaces, mais des richesses à partager. Au seuil de cette correspondance, je suis habité par une vive curiosité et un grand désir de connaître un autre pays que le mien, un monde nouveau à explorer. Ceux qui connaissent la joie des expéditions de canot dans les territoires sauvages de notre beau pays savent bien que le côté aventureux de l'entreprise est négligeable par rapport aux découvertes merveilleuses que nous réservent les lacs, les rivières et les forêts qu'il nous est donné d'explorer.

D'où venons-nous ? Telle est la première question que nous avons choisi d'aborder. C'est là une question que se posent surtout, je pense, les personnes qui avancent en âge. Les jeunes sont plutôt tournés vers l'avenir. Ils n'ont pas encore ni passé ni histoire. La généalogie ne les intéresse guère. Pour être plus concret, je répondrai à la question pour moi-même, m'interrogeant sur ma propre origine, me demandant d'où je viens, sans prétendre répondre pour tous mes frères humains. Même si le moi est haïssable (surtout pour les autres), je vais parler de moi, convaincu paradoxalement, avec Newman, qu'en toute modestie, on ne parle bien que de soi. «*Egotism is true modesty.*» Pour répondre à la question «d'où je viens ?», il me faut remonter dans le temps et vous raconter mon histoire. Je laisse aux savants, aux archéologues, aux anthropologues et aux historiens le soin de faire le même travail pour retrouver les origines de l'espèce humaine et de l'univers dans lequel elle s'est développée.

Je n'ai évidemment pas de mémoire de ma naissance. Mes parents m'ont dit que je suis né à telle date et à telle heure. J'ai reçu d'eux ma vie, une vie qu'ils ont nourrie, protégée, entourée de tendresse et d'amour. La nature entière a participé à ma croissance par l'air que j'ai respiré, l'eau qui m'a désaltéré, les aliments que j'ai absorbés, le soleil qui m'a éclairé et réchauffé. Mes parents et mes maîtres, à la maison et à l'école, m'ont également transmis, avec le temps, un précieux héritage de valeurs humaines et spirituelles. Mon enfance fut une période exaltante de découverte du monde, qui se déployait et s'élargissait sans cesse devant moi. J'ai vraiment goûté – nourriture de mes sens avides de connaître – les choses et les êtres qui composent la nature : les montagnes, les forêts, les lacs et les rivières, les fleurs, les animaux, les oiseaux, les saisons. Par mes rêves et mes jeux, par l'application de tous mes sens, je m'appropriais petit à petit cette part inestimable de mon héritage. J'ai eu une enfance heureuse.

Quand, à l'âge de raison, j'ai franchi le seuil de l'intelligence et découvert les espaces de mon intériorité (j'ai le souvenir de cet instant décisif), j'ai reçu aussi, à profusion, une multitude de valeurs culturelles. Je dois tellement aux nombreux maîtres qui ont éveillé mon intelligence et l'ont nourrie des langages et des visions venus du fond des âges! Chaque science constitue, en effet, un langage qui nous permet de dialoguer entre nous et avec nos ancêtres. L'histoire, la géographie, les mathématiques, la littérature, la philosophie me livraient la sagesse des temps passés. J'accueillais avec gratitude ce cadeau qu'on me faisait et qui me parlait de mes origines humaines: je m'inscrivais dans la lignée de ces découvreurs qui m'avaient précédé et dont je vivais passionnément. J'ai beaucoup aimé mon temps de collège, heureux d'avoir été enseigné par de grands maîtres et de grands humanistes!

Parmi les riches réalités qui m'ont été transmises en héritage se trouvent les valeurs religieuses. J'ai été éduqué dans la foi chrétienne. On m'a, dès mon jeune âge, parlé de Dieu et de Jésus Christ, initié à la prière, introduit dans la sphère du spirituel. J'ai découvert les évangiles et la liturgie. Je me suis ouvert aux autres, engagé dans des groupes de réflexions et d'action caritative. Au départ, je faisais confiance et adhérais sincèrement au crédo chrétien qui me parlait d'un Dieu «créateur du ciel et de la terre», et cela parce qu'on me disait de croire. Ce n'est qu'après coup, après les turbulences de l'adolescence, qu'il m'a été donné d'étayer personnellement ma foi par la raison et de résoudre l'apparent dilemme que posait la théorie de l'évolution en regard de la doctrine de la création. Je continuai alors de croire au Dieu créateur, non plus parce qu'on me disait d'y croire, mais parce que je jugeais raisonnable de le faire.

La position de Darwin sur notre monde en évolution ne me crée pas de difficultés particulières. Il me paraît évident que toutes les choses matérielles sont soumises au devenir et à des transformations qui peuvent être constatées ou reconnues théoriquement à travers l'histoire. Sur ce plan, la recherche scientifique se concentre sur l'origine de l'univers matériel; il s'agit de comprendre comment celui-ci s'est formé et transformé dans le temps. La foi en un Dieu créateur porte, pour sa part, non pas sur l'origine et le comment, mais sur la causalité et sur l'existence proprement dite du monde matériel. Je suis maintenant, aujourd'hui, actuellement, engendré par Dieu. Je trouve en lui ma raison d'être. Je suis en lui «comme en un ventre», selon l'expression de Carlo Caretto. Je reçois de lui «la vie, le mouvement et l'être» qui se déploient tout au long de l'évolution. Ainsi, je comprends qu'il existe deux voies et deux langages pour répondre à la question « d'où venons-nous ? » : la voie rigoureuse de la science avec son langage univoque et la voie symbolique de la foi avec son langage analogique.

Il ne faut pas mépriser les efforts qu'ont faits spontanément, depuis les âges les plus anciens, nos ancêtres humains à travers leurs mythes et leurs légendes, quand ils se sont naïvement référés à des dieux pour comprendre leur vécu et leur univers. Ils cherchaient obscurément la cause de leur existence. J'ai eu des maîtres intelligents qui m'ont appris assez tôt que les neuf premiers chapitres de la Bible décrivant la création en sept jours, l'apparition d'Adam et d'Ève, le péché originel et la perte du paradis, n'étaient pas des récits historiques. La référence proprement historique ne commence qu'avec Abraham au chapitre dixième. C'est dire qu'il ne faut pas prendre au pied de la lettre, comme le font aujourd'hui encore des fondamentalistes, ces textes imagés décrivant la création. Ce sont des narrations symboliques empruntées aux mythologies et aux légendes ayant cours en Mésopotamie et qui se trouvent également répandues, à l'époque, en d'autres pays et d'autres cultures. Certes, ces récits symboliques, fortement imaginatifs, risquent d'encombrer l'intelligence, mais, bien compris, ils constituent un substrat culturel précieux pour décrire la condition humaine et fournir des clés de lecture et d'interprétation de la réalité.

Quant à moi, la distinction entre l'origine et la cause du monde me suffit en grande partie pour estimer raisonnable ma foi en un Dieu créateur. L'intelligibilité de notre monde qui évolue et se transforme requiert que nous trouvions la raison d'être de son existence même et du nouveau qui s'y manifeste. Qu'est-ce qui justifie l'existence du Big Bang et d'où provient la réalité qui précisément éclate ? Ce n'est pas parce qu'un phénomène en précède un autre qu'il en est la cause et qu'il explique le nouveau qui s'y présente. Notre monde existerait-il depuis toujours qu'il nécessiterait toujours, pour être intelligible, l'existence d'une raison d'être. Le hasard ou la nécessité que l'on invoque souvent ne vont pas au fond de la question : ils esquivent plutôt le problème en évitant de considérer la voie de la causalité et de l'intelligence créatrice. Mon père était architecte. J'ai vécu pour ainsi dire mon enfance sous sa table à dessin, à griffonner sur des feuilles quadrillées qu'il me donnait pour m'occuper. Il dessinait des plans de maisons et de bâtiments dont je vois la réalisation quand je me promène dans ma ville ou dans les campagnes. Et je suis fier de saluer mon père quand je rencontre une de ses réalisations. J'imagine qu'il y a quelque chose de cet ordre qui me rend facile et intelligent d'accueillir la réalité d'un Dieu créateur. J'avoue cependant que là n'est pas, dans cette analogie, comme aussi dans les réflexions philosophiques sur la causalité, le véritable fondement de ma reconnaissance d'un Dieu créateur. Ma foi se trouve fondée essentiellement dans la rencontre et le témoignage de Jésus Christ, révélateur de Dieu. Mais c'est là une autre question que j'aurai peut-être l'occasion d'aborder dans la suite de notre correspondance.

Jean-Guy Saint-Arnaud

Saint-Augustin, avril 2012

Pour répondre à une question, particulièrement de nature existentielle, j'aime bien commencer par « déshabiller les mots », comme le disait l'abbé Pierre, pour dévoiler ce qu'ils cachent et être sûr ainsi de savoir de quoi l'on parle. D'abord, qui est ce « nous » de la question ? Pour la biologie, il s'agit de l'espèce *Homo sapiens*, à laquelle tous les humains actuels, historiques et préhistoriques, appartiennent depuis au moins 1000 à 2000 siècles. Cette définition du « nous » annonce déjà la sorte de réponse à venir.

Ensuite, telle qu'elle est formulée, la question sous-entend que nous venons d'ailleurs. Ici, les mots nous jouent un tour en suggérant que l'humain existait, peut-être à l'état de projet, avant d'arriver ici. Or, il est clair que nous ne venons de nulle part ailleurs, nous sommes d'ici, nous avons émergé de la nature terrestre, exactement par les mêmes processus naturels que les castors et les homards : l'évolution par sélection naturelle. Selon le dictionnaire historique de la langue française, le mot *Homo* signifie : « littéralement né de la terre ». Nous sommes très justement un produit du terroir local, un fruit de la nature vivante terrestre.

Maintenant, si le « d'où » de la question n'est pas littéral mais métaphorique, s'il ne renvoie pas à l'espace mais au temps, la question invite alors à chercher nos origines dans le temps profond. Dans ce cas, la biologie évolutive et la paléoanthropologie sont les meilleures, voire les seules bonnes sources de réponses.

Pour comprendre nos origines, il faut d'abord définir le sens du mot « origine » en biologie évolutive, puisque notre espèce est le produit de l'évolution. Il s'agit ici de dessiner la forme de l'origine plutôt que son contenu concret, constitué de la succession d'espèces qui nous ont précédés.

La notion d'origine en biologie ne ressemble en rien à l'origine conçue par les religions ou à l'idée que l'on se fait de l'origine dans la logique ordinaire du quotidien. En religion, l'origine évoque une création instantanée, parfois à partir de rien, et réalisée comme par magie par un créateur hors nature. Dans la logique banale du quotidien, l'origine prend la forme suivante. Prenons mon origine personnelle pour l'illustrer : je proviens à l'évidence de mes parents, qui viennent à leur tour de mes grands-parents, qui viennent de mes arrière-grands-parents, etc. Cette logique inattaquable est tout à fait adéquate pour marcher pas à pas vers mon origine, pour s'en approcher un peu plus à chaque génération. Mais cette démarche frappe éventuellement un mur : elle permet de s'approcher de l'origine, mais est incapable de l'atteindre. En effet, elle soulève une question incontournable à laquelle elle est incapable de répondre: «Mais d'où vient le premier?» Dans notre culture judéo-chrétienne, la réponse consiste à sortir de la logique ordinaire pour inventer un évènement d'un autre ordre, la création divine des premiers parents, Adam et Ève, les parents de tous les humains suivants. Ce sont des parents sans parents, des orphelins sans nombril. C'est bien sûr une réponse qui ne satisfait que ceux et celles qui croient littéralement ce mythe particulier, parmi des centaines d'autres racontant nos origines.

Qu'en est-il de l'origine en biologie? Elle possède toujours les quatre caractéristiques suivantes:

1. L'origine elle-même couvre une longue durée. Ainsi, l'origine de l'Homme a nécessité 2 ou 3 millions d'années, c'est-à-dire de 1000 à 1500 fois 2000 ans. Si l'histoire de notre espèce remplit un livre de 1000 pages, l'origine ne se limite pas au premier mot, mais couvre tout le premier chapitre.
2. L'origine est toujours une émergence imperceptible, diffuse. On le constate en étudiant l'origine des espèces en train d'émerger sous nos yeux. On n'observe qu'un processus continu, parfaitement lisse de génération en génération, une émergence tout aussi imperceptible que la pousse des cheveux, sans rupture, sans apparition soudaine. Une nouvelle espèce commence toujours en douceur, en silence, avec une discrétion extrême.

3. L'origine est toujours contingente, c'est-à-dire jamais inévitable, ni prévisible, ni annoncée, ni planifiée, toujours surprenante. C'est peut-être le caractère le plus crucial pour comprendre notre nature et notre origine. Tant qu'elle n'existe pas, une espèce a beaucoup plus de chance de ne jamais exister que d'exister. Je serais presque tenté de dire que l'existence de n'importe quelle espèce, y compris la nôtre, tient du miracle (si j'y croyais). Il en est d'ailleurs de même de l'existence de chaque individu : fruit d'une très longue chaîne de contingences remontant sans interruption jusqu'aux origines de la vie. En effet, même la veille de ma conception, j'avais énormément plus de chance de ne jamais exister que d'exister. Il aurait suffi qu'un autre spermatozoïde parmi des millions pénètre l'ovule pondu par ma mère ce jour-là pour que je rate pour toujours ma seule chance d'exister dans toute l'histoire de l'univers.

Contingent, c'est le contraire d'inévitable, mais ce n'est pas synonyme de pur hasard. Mon histoire personnelle de même que celle de mon espèce ne sont donc ni prédéterminées ni le fruit du simple hasard. La contingence est un mélange enchevêtré de hasard et d'histoire, du hasard canalisé par l'histoire. Par exemple, ma mort est inévitable, mais la date de ma mort est contingente. Cette date dépend de mon histoire passée, elle-même cause de mon âge actuel et de mon état de santé ; elle dépend aussi de mon histoire future (serai-je un retraité pantouflard ou un adepte de sports extrêmes ?). Enfin, elle dépend aussi du hasard, c'est-à-dire des aléas imprévisibles survenus dans mon passé et à venir dans mon futur. C'est aussi la contingence qui explique dans une large mesure la très grande diversité en espèces du monde vivant. Si on pouvait revenir au tout début de la vie sur Terre, l'histoire globale de même que les espèces particulières produites seraient totalement différentes de ce qu'elles ont été et de ce qu'elles sont, tant l'évolution est contingente. La réalité produite par un processus aussi profondément contingent que l'évolution n'est qu'une parmi d'innombrables possibles. Recommençons l'histoire de la vie du début, ou même du milieu, ou même des trois quarts, ou même après que 99 % de son histoire s'est écoulé, et il est presque certain que nous n'existerions jamais.

4. Enfin, l'origine, c'est la mise en place des éléments qui constituent la définition de l'objet en question. Origine et définition sont donc indissociables, deux aspects d'une même réalité (la question 1 est donc indissociable de la question 2). Pour parler de l'origine de l'Homme, il faut donc définir l'Homme, c'est-à-dire s'entendre sur la liste des caractères anatomiques, comportementaux, sociaux

ou autres qui nous distinguent des autres espèces. L'origine est alors la mise en place, dans une même espèce, des éléments qui constituent cette définition. L'origine est la construction de la définition de l'Homme, de la vie, du sapin ou de toute autre espèce.

De cette conception de l'origine découlent deux conséquences tout aussi bizarres que réelles. D'abord, il s'agit d'une origine sans premier. L'histoire de la vie n'a jamais vu une première cellule, un premier animal, un premier mammifère ou un premier humain. La notion d'un premier appartient à l'idée de création et non pas à la notion d'origine. Ainsi, l'énigme de l'œuf et de la poule est insoluble, puisqu'elle demande de trouver un premier qui n'existe pas. Pour aider à saisir cette réalité bizarre, pensons à l'origine de la langue française; c'est aussi une origine sans premier locuteur du français. La langue française, comme notre espèce, est le fruit d'une émergence imperceptible, de longue durée et contingente pendant laquelle se construisait la définition de la langue française dans certaines populations humaines à partir d'une certaine forme de latin.

Deuxième conséquence, l'origine crée toujours de la nouveauté, de l'inédit, du différent à partir de ce qui précédait. C'est ainsi que la vie a émergé du non-vivant, les mammifères ont émergé de non-mammifères et l'humain a émergé d'espèces de primates non humains.

Et ce, sans miracle, sans intervention surnaturelle, sans coup de baguette magique. L'origine est toujours spontanée, sans aide extérieure à la vie elle-même. La vie sécrète elle-même du nouveau. Louis Pasteur avait tout de même raison ; la génération spontanée, telle qu'elle était conçue depuis toujours et jusqu'à ses recherches au XIXe siècle, n'existe pas. En effet, la vie émerge toujours de la vie, le castor émerge toujours de castors, toujours, sauf lors de l'origine.

Voilà donc d'où nous venons. En cela, notre espèce est exactement comme toutes les autres pour ce qui est de la nature ou de la forme de notre origine : le produit d'un processus long, imperceptible, naturel et profondément contingent. Maintenant, puisque chaque espèce est unique et distincte des autres, chacune est parvenue à ce qu'elle est par un chemin qui lui est propre. Dans un certain sens, notre histoire remonte ainsi aux débuts de la vie sur terre il y a environ 3800 millions d'années. Elle est passée par un chemin tortueux, incertain et surprenant à chaque tournant pour aboutir finalement, il y a environ 6 millions d'années, au dernier ancêtre (le plus récent) que nous avons en commun avec le chimpanzé, notre espèce sœur, c'est-à-dire l'espèce vivante la plus proche parente de nous. Imaginez ici un graphique en forme de « Y » dont le point de bifurcation représente ce dernier ancêtre commun d'où émergent l'humain et le chimpanzé (les deux branches). Avant ce dernier ancêtre commun, notre histoire est exactement la même que celle du chimpanzé, tous ses ancêtres sont aussi nos ancêtres, puisque ce sont justement les ancêtres de ce dernier ancêtre qui nous est commun. Après ce dernier ancêtre commun, notre histoire est totalement différente de celle du chimpanzé, et à plus forte raison de celle de toutes les autres espèces. En effet, à partir de ce dernier ancêtre commun, aucun de nos ancêtres n'est un ancêtre du chimpanzé. C'est exactement comme ma relation de parenté avec mes cousins et cousines. Les derniers ancêtres (les plus récents) que nous avons en commun sont nos grands-parents. Avant eux, mon histoire est exactement la même que celle de mes cousins et cousines, alors qu'après eux mon histoire est totalement différente de la leur.

À partir de ce dernier ancêtre commun, il y a 6 millions d'années, cette branche de l'arbre de la vie ne mène à aucune autre espèce vivante que nous. Notre origine propre commence donc seulement à partir de ce dernier ancêtre commun, et non pas aux origines de la vie, même si nos ancêtres remontent jusqu'aux origines de la vie. En effet, avant ce dernier ancêtre commun avec le chimpanzé, il n'y a pas de branche qui ne mène qu'à nous. Les parcours de notre histoire avant ce dernier ancêtre commun racontent aussi tour à tour l'histoire du chimpanzé, puis des autres singes, puis des autres mammifères, puis des autres vertébrés, puis des autres animaux, et ainsi de suite jusqu'aux origines de la vie. Toutes les espèces, vivantes et disparues, sont donc nos cousines plus ou moins éloignées.

Cependant, du dernier ancêtre commun et exclusif à l'Homme et au chimpanzé jusqu'à nous, le trajet n'est ni rectiligne ni prévisible. Comme toujours, ce trajet évolutif est tortueux et contingent ; il ne venait pas vers nous, puisque nous n'existions pas encore et n'étions inscrits dans aucun projet. Pour paraphraser Jean-Paul Sartre, disons que, dans le travail de l'évolution, l'essence ne précède jamais l'existence. Le trajet évolutif entre le dernier ancêtre commun et nous a produit un buisson ramifié de plusieurs branches, dont une s'est finalement appelée *Homo sapiens*. Mais il aurait suffi de presque rien pour qu'elle ne survienne jamais. Or, elle est bel et bien survenue, il y a environ 150 000 ans, en Afrique de l'Est et a survécu jusqu'à aujourd'hui. Du dernier ancêtre commun à nous, on connaît jusqu'à présent une vingtaine d'espèces qui nous ressemblent plus qu'elles ne ressemblent à toutes les autres espèces vivantes, y compris notre espèce sœur, le chimpanzé. Certaines de ces espèces sont probablement parmi nos ancêtres, d'autres ne sont que des membres de notre parenté proche, sans être de notre ascendance directe. D'innombrables publications spécialisées discutent de la nature et des parentés de ces Australopithèques et autres Hominidés qui constituent notre famille biologique.

La première leçon importante à retenir de la biologie moderne au sujet de notre origine est qu'elle n'a rien d'une exception dans le monde vivant. Objectivement, nous ne sommes qu'une des innombrables branches de l'arbre de la vie, un produit de l'évolution par sélection naturelle et de la contingence historique. Il n'est pas faux de dire que la vie a évolué des bactéries à l'humain, à la condition d'ajouter qu'elle a tout autant évolué des bactéries au homard, au maringouin et à l'érable à sucre. La biologie ne nous permet absolument pas de justifier le moindre chauvinisme.

La deuxième leçon centrale et fondamentale de l'origine contingente est qu'il y a trois milliards d'années, ou 100 millions d'années, ou 6 millions d'années ou même un demi-million d'années, l'humain était possible ; c'est évident, puisque nous sommes là, mais il était seulement possible, jamais inévitable, prévu, projeté, voulu, planifié, attendu. Bien sûr, notre émergence était plus probable il y a un demi-million d'années, à partir d'une espèce comme *Homo erectus,* par exemple, qu'il y a 400 millions d'années à partir d'une espèce comme la truite. Mais même il y a un demi-million d'années, nous avions plus de chance de ne pas émerger que d'émerger. Nous pouvons en tirer une grande leçon d'humilité. Nous avons échappé de justesse, à d'innombrables reprises, à notre inexistence éternelle. Contrairement à ce qu'affirmait Teilhard de Chardin, l'histoire de la vie sur Terre n'est pas marquée par une « montée vers l'Homme ».

Dans *Le hasard et la nécessité,* écrit en 1970, Jacques Monod avait raison de conclure : « L'ancienne alliance est rompue. L'homme sait enfin qu'il est seul dans l'immensité indifférente de l'univers d'où il a émergé par hasard. » Voilà une vérité éblouissante que nous enseigne la science moderne sur notre condition et sur nos origines. Je ne changerais que le mot « hasard » par le mot « contingence » dans cette affirmation. Nous ne sommes le fruit d'aucun projet, la créature d'aucun créateur. Nous aurions vraiment pu ne jamais exister, nous avons émergé de justesse et nous sommes seuls depuis toujours, d'où l'invitation humaniste pressante à au moins tenter d'être seuls ensemble. L'affirmation de Monod n'a donc rien de déprimant ou de désespérant ; au contraire, elle nous procure la meilleure des raisons de nous étonner et de nous réjouir du fabuleux « miracle » de notre existence.

Cyrille Barrette

Réplique – D'où venons-nous?

J'ai lu avec beaucoup d'intérêt, Cyrille, votre première lettre. Elle m'a fait faire un voyage vertigineux sur le chemin de l'évolution, à travers les siècles de mon origine biologique. J'y ai retrouvé un paysage déjà exploré au cours de mes années d'étude, mais que vous faites revivre avec une passion à peine contenue. On voit que vous aimez profondément la science à laquelle vous avez consacré votre vie.

Je partage avec vous l'étonnement et l'admiration que vous exprimez devant le «miracle» de notre existence. Je suis même d'accord pour ironiser comme vous le faites sur la position créationniste que vous décrivez, pour l'écarter, telle une invention, un mythe, une intervention hors nature, à l'encontre de la logique ordinaire, un «coup de baguette magique». Ma foi en un Dieu créateur, vous l'aurez compris, s'inscrit en faux contre les fondamentalistes attardés qui prennent au pied de la lettre, dans la Bible, les premiers chapitres du livre de la Genèse, discréditant ainsi la véritable réalité de ces récits symboliques, et perpétuant une opposition entre la science et la religion qui, à mon avis, devrait être abolie depuis le XIXe siècle. Quoi qu'il en soit, il faut reconnaître et accepter le fait que la science physicomathématique, dans la mesure où elle n'a pas Dieu comme objet, est nécessairement athée. Elle porte essentiellement sur la réalité matérielle, mesurable, susceptible d'être soumise à l'expérimentation. Dans cette perspective, je comprends facilement qu'en tant que biologiste, vous arriviez à la conclusion que « nous ne sommes le fruit d'aucun projet, la créature d'aucun créateur ». Votre méthode ne vous permet pas d'affirmer la présence d'une intervention surnaturelle. Comme disait déjà Aristote, à chaque objet sa méthode. L'erreur vient souvent de faire d'une méthode particulière, fût-elle scientifique, un système universel, applicable à toute réalité. Ce que j'essaie d'exprimer ici, c'est que le domaine spirituel ou religieux possède sa méthode particulière qui manifeste, à sa manière, son caractère raisonnable. Ainsi en est-il des diverses sciences dites humaines, comme l'histoire, la psychologie ou la morale. Il serait désastreux et singulièrement déraisonnable d'appliquer, par exemple, à la religion les modes de recherche et de démonstration utilisés en physique nucléaire et vice-versa.

Vous évoquez, Cyrille, au début de votre lettre, la question du langage. Je vous rejoins sur ce point. Dans un dialogue, il importe d'apprendre la langue de l'interlocuteur, de décoder le vocabulaire qu'il emploie, d'accueillir et de comprendre son genre littéraire. Les disparités linguistiques ne dépendent pas seulement de la tournure d'esprit et de la manière propre de s'exprimer de celui qui parle, mais aussi de ce dont il parle, des secteurs de la réalité qu'il s'agit de communiquer. On le sait, chaque secteur a son jargon, ses mots et ses expressions consacrées, porteurs de sens pour ceux qui font partie du club d'initiés, mais source de perplexité pour ceux qui ne sont pas du domaine. Le généticien, le garagiste, le médecin, le mystique, le spécialiste des chromosomes du criquet migrateur, le poète, l'amoureux: autant d'univers de pensée et d'action qui enrichissent le dictionnaire et compliquent parfois le dialogue... Je signalais moi-même, dans ma première lettre, une distinction fondamentale pour la compréhension réciproque de la science et de la religion: il s'agit de la différence entre le langage univoque et le langage analogue.

Cette distinction linguistique renvoie à une autre, celle entre le problème et le mystère. Certes, il faut préciser la signification des mots que nous utilisons dans nos conversations. «Qui précise peu comprend peu et aide peu» (Ignace de Loyola). Mais les mots et les phrases prennent parfois des surplus de signification quand la réalité qu'ils veulent signifier déborde pour ainsi dire le mot lui-même. Alors, il faut utiliser l'analogie, la comparaison, le symbole, la parabole, pour approcher et faire pressentir ce qu'un mot dans sa seule définition s'avère incapable de rendre. L'objectivité de la science postule la précision des termes, mais le caractère englobant de la religion exige l'approximation de l'image et du symbole. Il ne faut pas s'y méprendre, quand on parle, en religion, de mystère[1], il ne s'agit pas d'un aveu d'ignorance, mais bien plutôt d'une invitation à une connaissance asymptotique (dans le jargon de la géométrie), toujours renouvelée, inépuisable. Dieu est celui que l'on ne trouve qu'en le cherchant toujours. L'expérience humaine de l'amour n'est-elle pas du même ordre? Ainsi, à l'opposé de l'obscurantisme et du fidéisme, dont on se plaît facilement à affubler les croyants (et les amours humaines aveugles), la considération du mystère de Dieu, tout autant que celui des relations interpersonnelles, se veut un merveilleux et pressant appel au «pur désir de connaître» de notre intelligence.

Jean-Guy Saint-Arnaud

1. Sur le mystère, voir Jean-Guy SAINT-ARNAUD, *Aux frontières de la foi. Entre l'athéisme et le mystère,* Montréal, Médiaspaul, 2007, p. 109-114.

Réplique – D'où venons-nous ?

Dès notre première lettre, je constate qu'entre nous, presque tout est différent : le ton autant que le contenu. Je valorise autant que vous la richesse de la diversité des discours et des perspectives. Je vois nos échanges notamment comme une occasion de faire « l'éloge de la différence » (Albert Jacquard).

J'aime réagir à des formulations et à des affirmations concrètes, convaincu que trop souvent le sens profond des idées se cache, parfois à notre insu, derrière les mots. Ainsi, quand vous dites de vos parents : « J'ai reçu d'eux ma vie », je comprends le sens bien sûr, mais à strictement parler, c'est faux. En effet, cette formulation sous-entend que le « je », sujet de « recevoir », existait au préalable en attente de recevoir sa vie. J'y entends une référence implicite à l'existence d'une âme immortelle attendant un corps pour y élire domicile.

J'ai moi aussi conservé les valeurs morales et humanistes reçues de l'éducation catholique de mon enfance. Je suis donc un athée catholique. Je me réjouis de la distinction que vous soulignez entre la « théorie » de l'évolution et la « doctrine » de la création. La création n'a en effet rien d'une théorie et l'évolution n'a rien d'une doctrine, malgré ce qu'on en dit trop souvent.

Ailleurs, vous dites que « la recherche scientifique se concentre sur l'origine de l'univers matériel». C'est très juste, puisqu'il n'existe vraisemblablement rien en dehors de l'univers matériel, sauf les univers imaginaires, d'inspiration religieuse ou non. Je suis tout à fait d'accord avec vous sur l'existence des deux voies, celles de la science et de la foi. Cependant, selon moi, elles sont parallèles et incompatibles, sans être nécessairement antagonistes.

J'ai relevé deux endroits où vous estimez votre foi «raisonnable». Je n'en doute pas. Je crois cependant que la foi est nécessairement a-rationnelle. En effet, elle peut être à la fois raisonnable (son discours est cohérent et non contradictoire) et non rationnelle (sans appui de la raison).

Je crois tout comme vous que les récits symboliques de la Bible «risquent d'encombrer l'intelligence», tout en pouvant malgré tout contribuer à «décrire la condition humaine». Cependant selon moi, ils ne peuvent certainement pas «fournir des clés de lecture et d'interprétation de la réalité». En tout cas, de telles clés ouvrent des portes sans issue et sans lumière, dévoilant des superstitions encombrantes.

Pour ce que ça vaut, venant d'un athée, je suis moi aussi inspiré par plusieurs enseignements de Jésus, même si je ne crois ni en l'incarnation ni en la résurrection.

Enfin, supposer une «raison d'être» pour le monde n'est rien de plus qu'un souhait, un «Amen», une espérance, une affirmation de foi aveugle (un pléonasme). En effet, le monde peut très bien exister dans toute sa richesse et toute sa splendeur sans raison d'être. Il existe, nous existons, et surtout nous le savons ; c'est déjà une réalité éblouissante, émouvante et fabuleuse.

Cyrille Barrette

2

Qui sommes-nous ?

Pierrefonds, mai 2012

Comment, Cyrille, répondre à la question: *Qui sommes-nous*? Nous ne cessons de croître, de changer, de nous transformer, d'actualiser nos potentialités. C'est probablement le supplice des adolescents que de chercher à se comprendre et à saisir ce qu'ils sont, alors qu'ils n'ont pas encore exercé leurs forces et éprouvé leurs capacités. Se connaître soi-même est vraisemblablement le privilège, si jamais ils y arrivent, des adultes, des personnes qui atteignent leur maturité à travers les succès et les échecs de leurs engagements. Qui n'arrive pas à saisir son identité profonde est sans doute condamné à mener superficiellement une vie livrée aux variations et aux turbulences de son milieu et de ses relations.

Ici, encore, je vais répondre à la question en la personnalisant, non pas en considérant les êtres humains en général, mais en me demandant à moi-même: qui suis-je? Réfléchissant sur ma vie, je constate que dès ma naissance, on m'a imposé une identité que je devrai accepter en vieillissant. Mes parents m'ont donné un nom pour bien marquer mon appartenance familiale; on m'a également inscrit sur les registres de ma localité et octroyé un numéro d'assurance sociale. Lorsqu'on m'a baptisé, on voulait me signifier que j'appartenais, comme « enfant de Dieu », à une famille plus large. La famille, le pays, le « milieu divin » sont pour ainsi dire les coordonnées élémentaires qui serviront, au fil de ma croissance, à m'identifier et à me situer. À cela, il faut ajouter, avec le temps, mon numéro de téléphone, ma carte de crédit, mon adresse courriel, etc. On peut, certes, reconnaître aussi qui je suis à partir de ma photographie, de mon tempérament, de mes performances, de mon métier, de mes œuvres. Ces indices de mon identité requièrent pour la plupart la reconnaissance de mes semblables et sont souvent provisoires et soumis à des changements. Il faut donc chercher plus profondément ce qui peut définir mon existence.

L'enfant que je fus a vécu les premières années de sa vie à se nourrir de l'amour et de l'affection qu'on lui manifestait, cherchant à plaire à ses parents et à son entourage. Il est normal qu'un enfant agisse, au départ, par *complaisance* et recherche son assurance chez les autres, dans l'amour qu'ils lui portent. L'adolescent, pour sa part, exercera une complaisance plus large, en fonctionnant par *conformisme,* ayant besoin, pour s'intégrer aux groupes, de faire comme tout le monde, de suivre les diverses modes du jour : ici encore, les jeunes laissent aux autres, à la pression sociale, le soin de déterminer ce qu'ils doivent être. Ce n'est qu'avec la maturité, je pense, que nous pouvons saisir qui nous sommes en vérité, à partir de l'expérience personnelle et de la connaissance de soi qu'elle permet. Si l'enfant se comporte par complaisance et l'adolescent par conformisme, l'adulte, lui, conduit sa vie par *conviction,* par ses décisions libres, même si ça ne plaît pas à ses proches et si ça va à l'encontre de ce que tout le monde fait.

L'expression est lancée : décisions libres. Là se trouve, pour moi, la plus précieuse et la plus fondamentale des caractéristiques de l'humain que je suis. Je suis ce que sont mes décisions, ce sont elles qui me donnent mon visage, mon identité, qui font de moi une personne humaine. Qui n'a jamais décidé demeure informe. Ce sont les événements et les autres qui décident à sa place. Il nous faudra, bien sûr, Cyrille, revenir sur la question de la liberté. La table est mise. Mais, déjà, soulever ce point permet d'expliquer plus avant certaines composantes de ce que je suis. La liberté au cœur de ma vie, cette capacité réelle de me déterminer moi-même jusqu'à un certain point, renvoie à plusieurs composantes qui relèvent de ce que je suis profondément.

Traditionnellement, pour les chrétiens, la personne humaine comporte trois éléments constitutifs : (1) le corps (le somatique), (2) l'âme (le psychisme) et (3) l'esprit (le pneumatique). Ces trois éléments distincts ne sont pas séparés : ils sont appelés à travailler en synergie et en harmonie. En ce qui concerne le corps (*sôma*), les sens assurent le contact avec le monde matériel, avec ses deux fonctions de connaissance et d'affectivité. Par la connaissance sensible, je m'approprie le réel par mode d'images visuelles, auditives, olfactives, etc. Par mon affectivité, j'expérimente attraits ou répulsions face à ce que perçoivent mes divers sens. L'âme (*psychè*) correspond à l'intériorité et à la conscience humaine, sorte d'espace intérieur qui rend possible d'exercer la distance critique de la réflexion et du jugement. C'est le lieu de l'intelligence proprement dite accompagnée de sa conjointe affective, l'amour. L'adjonction d'un troisième élément, l'esprit (*pneuma*), veut signifier, dans la tradition chrétienne, l'ouverture native à l'action de Dieu, au souffle et à l'inspiration de l'Esprit, au niveau de notre moi profond, là où s'opère le discernement de la charité.

À cette triade classique en spiritualité chrétienne, je préfère personnellement, pour comprendre qui je suis, m'arrêter au jeu en moi de la connaissance et de l'amour qui introduit à l'action et à l'engagement concret. C'est ce type d'anthropologie qui préside aux *Exercices spirituels* d'Ignace de Loyola qui m'ont tellement marqué. Les *Exercices* ignatiens, le mot le dit, désignent un programme de mise en forme, de jogging spirituel. Il s'agit de rendre possible l'« immense épanouissement d'un acte » fondamental, expérience unique d'une décision radicale d'engager sa vie librement et en connaissance de cause. Les trois temps dynamiques qui constituent la trame de la démarche des *Exercices* éclairent singulièrement les grandes articulations de mon autonomie, de mon identité. (1) Libérer la liberté, (2) éclairer la liberté, (3) engager la liberté, telles sont les trois étapes de la marche à suivre. Une rigoureuse logique interne unit ces trois temps. En d'autres termes, le jogging spirituel vise, dans une première étape, à faire naître, au cœur de la personne qui s'exerce, une grande *passion* d'amour que la seconde étape aura pour but d'éclairer et d'orienter, en fournissant à l'intelligence une vaste *vision* de la réalité pour que se réalisent enfin des *actions* vigoureuses et efficaces. La voiture automobile fournit, s'il en était besoin, une autre illustration de ces trois temps : pour qu'une voiture puisse bien fonctionner (l'action) et faire le voyage, il lui faut un bon moteur (la passion) et aussi une bonne direction (la vision). Appliquée à la vie spirituelle, l'expérience des *Exercices* peut s'exprimer ainsi : pour faire la volonté de Dieu, il faut vouloir l'accomplir et il faut la connaître.

Il est remarquable de constater dans la Bible, et dans la tradition spirituelle chrétienne, le thème récurrent de la vocation. Tout semble y procéder par appel. Dieu appelle par leur nom les choses et les personnes à exister ; il choisit Abraham et les prophètes pour leur confier leurs missions particulières. Jésus appelle lui-même ses apôtres. Un des sommets des *Exercices spirituels* se trouve dans l'étape de l'élection, pour employer le jargon ignatien. Il s'agit, à ce point, d'arriver à saisir l'appel profond et le choix personnel de Dieu. Rendue possible par un sérieux discernement spirituel, cette connaissance de la volonté particulière de Dieu sur moi (mon élection fondamentale) fournit, à mon avis, le meilleur indicateur de mon identité, le meilleur fil conducteur de mon action, la meilleure expression de ce que je suis profondément. Il offre à ma liberté un contenu décisif.

Au-delà des multiples confessions religieuses et des positions agnostiques ou athées, ce qu'il m'intéresse d'identifier chez moi comme chez mes frères humains, c'est, plus encore que les discours et les déclarations verbales, l'orientation fondamentale face à la vie et face à la mort. Car c'est là que s'exprime, à mon avis, ce qu'il y a de plus grand et de plus noble dans la personne humaine. Il s'agit d'une décision consciente et libre en faveur de la vie, malgré la présence irrécusable du mal, de la souffrance et de la mort. Je pense que c'est dans une confiance fondamentale de ce type en la vie, dans ce « *basic trust in being* » (Viktor Frankl), que la personne humaine révèle le meilleur d'elle-même. J'ai une très grande admiration pour Etty Hillesum, cette étonnante mystique sauvage, qui, en plein cœur de la Shoah, affirmait à qui voulait entendre que la vie était belle et qu'elle avait du sens. Mais quand j'évoque ce parti pris radical pour la vie, ma fascination et mon regard émerveillé se portent sur Jésus Christ. Même ceux qui ne croient pas en sa divinité n'hésitent pas à reconnaître en lui un être exceptionnel et courageux, homme de vision au regard limpide qui a voulu montrer, au prix de sa vie, que l'amour est plus fort que la mort. J'aime beaucoup me considérer comme un « enfant de la résurrection ». Ma prochaine lettre me permettra sans doute d'aborder ce noyau atomique de ma foi, lorsque nous traiterons de la troisième question : où allons-nous ?

J'espère, Cyrille, que ces réflexions, qui veulent rejoindre des réalités complexes et souvent obscures, apporteront néanmoins quelques rayons de lumière et vous auront fait connaître un peu qui je suis...

Jean-Guy Saint-Arnaud

Saint-Augustin, mai 2012

Dès le premier mot, la question annonce la couleur de la réponse. La question, dès le départ, suppose que nous ne sommes pas un simple objet; elle ne demande pas: « Que sommes-nous? », mais « Qui sommes-nous? ». La question suggère que nous sommes plus qu'un objet, nous sommes un sujet. Incidemment, cet état nous empêche peut-être d'être objectifs au sujet de nous-mêmes. Si la question était « Que sommes-nous? », la réponse serait plus simple: nous sommes un objet matériel, fait à 95 % d'atomes d'hydrogène, d'oxygène et de carbone. Cet objet est vivant comme des millions d'autres sur notre planète. Ici, la biologie pourrait tenter de définir cet état vivant particulier de la matière. Ce « nous » vivant a la forme d'un gros primate d'environ 70 kilogrammes, bipède et sans queue. Tout cela est vrai, mais la question n'est pas « que » mais « qui ».

Nous sommes en effet plus que de simples individus, nous sommes des personnes, c'est-à-dire capables de dire « je », donc conscients de leur existence. Nous sommes probablement la seule espèce sur Terre capable de cet exploit. Nous sommes du carbone qui pense, un « roseau pensant », le « miroir du monde » (Cyrille Barrette, 2000).

Pour comprendre notre nature, comme nous sommes indiscutablement un produit de l'évolution par sélection naturelle, il faut souligner notre relation unique avec ce processus fondamental. En effet, l'humain entretient avec la sélection naturelle une relation particulière et ambivalente qui nous distingue de toutes les autres espèces. D'une part, il ne fait aucun doute que, comme toutes les autres espèces, l'humain est un produit de l'évolution par sélection naturelle. En effet, premièrement, notre espèce a des ancêtres qui constituent une suite absolument sans rupture depuis les origines de la vie sur Terre. Deuxièmement, notre espèce est parente à divers degrés avec toutes les autres espèces actuelles et disparues. Enfin, notre espèce est le reflet, dans ses moindres détails anatomiques, physiologiques et comportementaux, d'une adaptation constante aux innombrables environnements traversés par tous nos ancêtres des milliards d'années qui nous ont précédés. On trouve en nous des traces nombreuses et profondes de bactéries, de poissons et de macaques. Voilà, dans ces affirmations, les trois théories centrales de Darwin 1859 : la descendance avec modification, la filiation commune et l'adaptation par sélection naturelle. L'humain est le produit de cette évolution biologique, exactement au même titre que le castor et le sapin. Il est très important de se le rappeler pour mieux saisir le sens et l'importance de ce qui suit.

Ce qui rend ambivalente notre relation avec la sélection naturelle, c'est que nous sommes la seule espèce à s'être presque complètement émancipée, libérée, affranchie de l'emprise de ce mécanisme qui l'a produite. Le mécanisme de la sélection naturelle est un artisan implacable ; il opère constamment et ne répond qu'à un seul critère comptable : ne sont produits, conservés et améliorés que les caractères phénotypiques (qu'ils soient anatomiques, physiologiques, comportementaux, cérébraux ou sociaux) dont les bénéfices procurés à l'individu qui les possède surpassent les coûts qu'il doit payer pour les posséder. Les bénéfices comme les coûts sont comptabilisés au terme de la vie entière de l'individu (un « jugement dernier ») et sont calculés en unités de succès reproducteur. C'est la monnaie universelle de l'économie de la nature. Un caractère est favorisé par la sélection naturelle s'il améliore le succès reproducteur de l'individu ; s'il nuit au succès reproducteur, même très faiblement et indirectement, il sera inexorablement défavorisé au point de disparaître éventuellement. La sélection naturelle est aussi bête, aveugle, implacable et simple que cela.

Or, les circonstances contingentes de notre histoire évolutive ont fait en sorte que, pendant que l'éléphant développait une trompe, le requin, des dents tranchantes, et l'oiseau, des ailes, nous, les humains, développions notre organe caractéristique principal : notre gros cerveau. Ce cerveau a un jour atteint un tel degré de sophistication et de capacités que nous avons pu inventer des outils, des habits, des abris, des sociétés, l'agriculture, l'écriture, la technologie, la médecine et tout le reste de la culture. Autant d'inventions qui nous mettent presque complètement à l'abri de la sélection. Si bien que, pour de plus en plus d'humains, particulièrement dans les pays développés, presque tous les caractères phénotypiques (de l'anatomie à la philosophie) sont neutres : ils n'ont plus aucun impact, ni positif ni négatif, sur le succès reproducteur des individus ; la sélection naturelle ne peut donc plus les toucher. Par un curieux retour des choses, la sélection nous a donc donné l'outil qui nous a permis de lui échapper.

La conséquence majeure de cette libération des impératifs de la sélection naturelle est que l'humain a pu se doter d'une seconde nature, superposée à sa nature animale, fruit de la sélection naturelle. Cette seconde nature est constituée de tout ce qu'on appelle la culture et les valeurs de civilisation. C'est comme si l'évolution par sélection naturelle avait créé notre espèce animale et qu'ensuite, grâce au gros cerveau hérité de cette évolution, l'humain avait de lui-même inventé sa nature humaine, sa culture. Nous nous sommes donc autoconstruits, comme sur ce tableau d'Escher où l'on voit une main qui dessine une main en train de dessiner la main qui la dessine. C'est cette double nature et cette capacité à s'autoconstruire qui constituent notre nature unique, qui nous distinguent de toutes les autres espèces.

Vouloir nous définir, c'est-à-dire littéralement dessiner les contours, les démarcations nous distinguant des autres espèces, n'est pas une façon de nier notre animalité ou nos parentés avec les autres. C'est plutôt une façon de souligner la discontinuité entre nous et les autres. La discontinuité existe aussi entre les autres espèces. Dans tous les cas, elle n'est jamais absolue puisque toutes les branches appartiennent au même arbre de la vie sur Terre. Sans être absolue, elle est tout de même réelle: les espèces existent vraiment, chacune portant un paquet de gènes isolés des gènes des autres espèces. La discontinuité est plus ou moins profonde. Par exemple, entre nous et le chimpanzé, elle est superficielle par rapport à sa grande profondeur entre nous et la truite. Enfin, cette discontinuité est le plus souvent irréversible: la vie évolue par bifurcation, par divergence, et les branches, une fois formées, ne se mélangent presque jamais entre elles.

Cela est vrai de toutes les espèces. Ce qui distingue davantage l'humain, c'est la sorte de fruits que porte notre branche. Ils sont d'une couleur, d'une saveur, d'une texture, d'une fécondité totalement nouvelles. Ces fruits s'appellent la liberté, la conscience, l'amour, la raison, la justice, le désir, l'espoir, la parole, les droits, la foi, le plaisir pour le plaisir, etc. Il n'était pas prévu que l'arbre produise une telle branche et que cette branche crée d'elle-même de tels fruits. Ça ne devait pas se passer comme ça. En effet, ça s'est passé autrement pour toutes les autres espèces et pendant 99,997 % de l'histoire de la vie sur Terre, jusqu'à l'émergence de notre espèce, il y a environ 150 000 ans. Notre branche produit des fruits différents de ceux de toutes les autres branches de l'arbre. Tout se passe comme si la branche humaine avait profité de mutations nouvelles lui conférant des pouvoirs nouveaux, pouvoirs de créer d'elle-même des fruits n'ayant à peu près rien à voir avec l'héritage reçu de l'arbre. Nous sommes sans contredit une espèce naturelle, mais comme plus unique que toutes les autres, hors pair, dans une classe à part, et d'autant plus surprenante que ce qui la rend si unique, elle l'a inventé d'elle-même, grâce au cerveau hérité de son passé de mammifère.

La créature a ainsi échappé à son créateur (l'évolution par sélection naturelle), comme le monstre du docteur Frankenstein. L'avenir nous dira s'il s'agit d'un monstre ou d'un chef-d'œuvre. Tout dépend désormais de nous. Libéré de la sélection naturelle, « l'homme, sans aucun appui et sans aucun secours, est condamné à chaque instant à inventer l'homme » (Jean-Paul Sartre). En un mot, l'homme est libre, pour le meilleur et pour le pire. Nous sommes la seule espèce capable d'échapper à l'emprise de la sélection naturelle comme, par analogie, nous sommes la seule capable d'échapper à l'attraction de la gravité terrestre. Dans les deux cas, c'est une performance d'un autre ordre que celle du vol des oiseaux, une sorte de vol qualitativement différent ; le vol de *Jonathan Livingston, le goéland,* de Richard Bach.

Ce qui nous distingue des autres espèces n'est pas une simple question de degré ; il s'agit d'un seuil critique que nous seuls avons franchi. Encore une fois, tout cela s'est passé naturellement, spontanément, par un mécanisme aveugle et sans projet. Ainsi, le cerveau du chimpanzé est le tiers du volume du nôtre et très semblable dans sa structure, dans son organisation et dans son fonctionnement. Malgré toutes ces similitudes, notre langage n'est pas seulement trois fois plus riche que le sien, nos outils ne sont pas seulement trois fois plus sophistiqués et performants, nos avions ne volent pas seulement trois fois plus vite que les siens, notre art, nos lois, nos valeurs ne sont pas seulement trois fois meilleurs. Ayant passé un seuil critique, tout est différent, comme l'eau qui passe soudainement de l'état liquide à l'état gazeux au seuil de 100 degrés Celsius.

Notre cerveau, héritage de notre histoire évolutive passée au même titre que notre main ou que notre pancréas, a été l'organe déterminant jouant le rôle central dans notre évolution, tout comme il sera déterminant pour notre futur. Grâce à ce cerveau, nous avons inventé la culture dans toutes ses dimensions, nous créant ainsi nous-mêmes une seconde nature par-dessus notre nature animale, comme un costume que nous ne pouvons désormais plus enlever et dont nous ne pouvons plus nous passer. Nos deux natures cohabitent dans le même être, comme cohabitent la personne et le personnage chez l'acteur.

Contrairement à ce qu'affirment souvent les sciences humaines et sociales, l'humain possède bel et bien une nature, une nature pleinement animale héritée de notre histoire évolutive. C'est grâce à l'héritage de cette nature animale, et parfois malgré elle, que nous avons inventé notre nature humaine : tout le contenu de la culture et des valeurs de civilisation. À titre d'exemple, la voix est purement animale. Le moineau, le crapaud et le zèbre ont aussi leur propre voix. La langue, c'est environ moitié animal et moitié humain ; nous naissons avec des capacités mentales naturelles pour apprendre une langue, un véritable instinct du langage. Cependant, la langue que nous parlons est un pur produit culturel local. Un nouveau-né humain a la capacité d'apprendre aussi bien le chinois que le français, la langue maternelle qu'il parlera dépend uniquement de la culture dans laquelle il se développera. On trouve des ébauches de langues locales chez certaines espèces d'oiseaux et de mammifères, des sortes de variantes locales des vocalises de l'espèce, des sortes de dialectes, mais à un degré beaucoup moindre que la diversité des langues humaines.

Enfin, la parole, le verbe, le discours, cela est strictement humain. Ainsi, les belles-sœurs de Michel Tremblay utilisent leurs voix, tout à tour fortes ou douces, dans une langue particulière, le joual, pour offrir un discours émouvant. Seul l'humain peut ainsi produire une richesse infinie de sens, de discours pour parler de tout ce qui existe, de tout ce qu'il imagine, du passé et du futur autant que du présent. On voit clairement ici que notre espèce a réussi à inventer, à partir de son héritage animal, une parole créant tout un univers de nature humaine.

Voilà donc ce que nous sommes, une drôle de bête, capable du meilleur et du pire, capable de s'autocréer et de s'autodétruire, tour à tour intelligente et imbécile, une espèce véritablement animale, mais dans une classe à part, seule à posséder une double nature. Voilà ma réponse partielle à « Qui sommes-nous ? ». C'est une tentative de dire objectivement, scientifiquement, qui nous sommes. Évidemment, notre nature est tellement complexe qu'à une telle question, il y a autant de réponses que de répondeurs. Ainsi, on a posé à 100 scientifiques la question[2] :

2. *Sciences et Avenir*, hors-série, n° 169, janvier-février 2012, 116 p.

« Qu'est-ce que l'homme ? » Il en a résulté 100 réponses différentes. Chacun a sa vision de la question. Je cite une seule de ces réponses ici : « Le seul animal qui peut vivre sa vie sous forme de projet. » (Nayla Farouki, philosophe) J'ajoute la réponse du généticien Albert Jacquard publiée ailleurs : « La seule espèce qui cherche sa définition » et, pour s'amuser un peu, celle du musicien Tom Waits : « La seule bête qui porte des chaussures. »

Cyrille Barrette

Réplique – Qui sommes-nous ?

En regardant l'allure de notre correspondance, Cyrille, nous nous apercevons qu'entre le savant naturaliste que vous êtes et le croyant que je suis, les différences sont déjà nettement marquées. Nous sommes en présence de deux univers, de deux visions du monde, de deux perceptions de la réalité. Et c'est très bien de reconnaître que la science et la foi représentent deux activités humaines que l'on ne doit pas confondre ni amalgamer. Il ne faut pas imposer à la foi les exigences propres de la démarche scientifique ni demander à la science de se faire religion.

Cela dit, je crois que notre correspondance gagne à être contrastée. Quand, pour ma part, je choisis de répondre aux questions de façon personnelle, subjective, sans prétendre à l'universalité, je veux signifier par là qu'à l'encontre de la démarche scientifique qui se veut rigoureusement objective la foi implique nécessairement un engagement de la personne. Ma foi n'est pas de l'ordre d'une évidence rationnelle, elle relève plutôt d'une décision de confiance en Jésus Christ. Le discours de la foi est à la seconde personne, le discours de la science s'articule, lui, à la troisième personne. Un savant athée ou croyant peut bien parler *de* Dieu, il ne saurait parler *à* Dieu à moins d'entrer dans le domaine de la foi.

Vos lettres, Cyrille, m'interpellent beaucoup, en me donnant accès à votre univers. Elles remettent en question ma propre vision du monde en m'invitant à l'expliciter davantage. Vous trouvez sans doute étrange le domaine de la foi qui se veut raisonnable sans trop pouvoir en faire la démonstration. Le croyant que je suis trouve également étrange la rigidité de certaines de vos conclusions. L'existence de Dieu, la divinité de Jésus Christ, sa résurrection, que j'évoque, vous apparaissent peut-être irrationnelles, illusoires, impossibles. Quand vous affirmez que notre monde actuel s'est construit par lui-même, au fil de l'évolution, par sélection purement naturelle, aveuglément, sans projet, cela, bien sûr, est objet d'étonnement pour le croyant que je suis. Je comprends bien que votre méthode scientifique ne vous permet peut-être pas d'affirmer la présence d'un projet, mais est-ce bien scientifique d'en nier la possibilité ou même la probabilité ?

J'ai aimé la présentation éclairante que vous faites de l'apparition de la liberté humaine, cette sorte de seconde nature, échappant à la sélection naturelle pour présider, lors d'une sorte de « saut qualitatif brusque » à la gouverne de l'homme par lui-même, avec tous les risques que cela implique. Vous dites que c'est grâce à notre nature animale que nous avons inventé notre nature humaine. La même interrogation m'habite toujours, depuis votre première lettre :

comment le nouveau peut-il, logiquement, surgir de l'ancien ? Comment la matière peut-elle produire l'intelligence que vous mettez à l'œuvre, avec une grande dextérité, pour l'analyser et la comprendre ? Ce qui précède ne saurait être nécessairement la cause de ce qui suit. Comment le « plus » peut-il sortir du « moins » ? En vous posant ces questions, je n'ignore pas que vous puissiez interroger tout autant mes convictions de foi et leur rationalité propre.

Notre correspondance ne sera pas vaine si nous arrivons à bâtir des ponts de compréhension réciproque entre la science et la foi. Après tout, nous sommes tous les deux embarqués sur le même bateau, dans la même galère, aux prises avec les mêmes problèmes et les mêmes mystères, confrontés à la même fugacité des choses et à la même mort.

Jean-Guy Saint-Arnaud

Réplique – Qui sommes-nous ?

La mission générale de la science est de chercher la vérité au sujet du monde. Elle subdivise sa recherche en trois missions spécifiques complémentaires.

1. Découvrir : améliorer les connaissances.
2. Expliquer : fournir une compréhension des phénomènes découverts.
3. Critiquer : débusquer les erreurs, dissiper les illusions, y compris les siennes, etc.

Je veux ici exercer ce troisième rôle en réponse à votre première réplique. Vous y dites : « Dans la mesure où elle n'a pas Dieu comme objet, la science est nécessairement athée. » Je ne suis pas tout à fait d'accord. Dire de la science qu'elle est athée, c'est déjà lui faire dire quelque chose sur Dieu. Elle est plutôt agnostique, c'est-à-dire silencieuse sur cette question, tout en affirmant avec lucidité et honnêteté l'absence de connaissance sur Dieu. Puis, à deux reprises dans le dernier paragraphe, vous présentez la religion comme étant à la recherche de « connaissance » face au mystère. Je pense qu'en science, on peut parler de connaissances, alors qu'en religion, on ne peut parler que de croyances et de convictions plus ou moins fortes, mais d'aucune connaissance sur les mystères qui la concernent. La religion et la foi sont donc tout aussi agnostiques (sans connaissance) que la science au sujet de Dieu.

Maintenant, au sujet de votre deuxième lettre: sans rien soustraire à l'intérêt, pour moi et pour le lecteur, de découvrir qui vous êtes, je m'avoue un peu déçu de ne pas lire la réponse de la foi et de la religion à la question: «Qui sommes-nous?» Il s'ensuit que, jusqu'ici, nos deux discours sont doublement différents: le vôtre est non seulement croyant, mais personnel et subjectif, alors que le mien est naturaliste, «universel» et s'efforce d'être objectif. Je m'efforce d'être le porte-parole de la science, avec ma voix et ma couleur personnelles bien sûr, mais en tentant d'être fidèle à la science et à la raison.

Quand vous dites: «Pour faire la volonté de Dieu, il faut vouloir l'accomplir et il faut la connaître», il me semble que vous oubliez un préalable essentiel: il faut d'abord y croire. Cela expose une asymétrie profonde dans la tentative de dialogue entre le croyant et le naturaliste. En effet, j'imagine qu'il est relativement facile pour vous d'accepter et d'inclure dans votre pensée plusieurs éléments du discours naturaliste. À l'inverse, le naturaliste peut écouter respectueusement les points essentiels du discours du croyant, mais ne peut pas les intégrer à son discours. Étant objet de foi, le discours croyant est carrément exclu de la pensée du naturaliste. Par exemple, pour comprendre notre nature et nos origines, le croyant peut sans peine inclure l'ADN, les fossiles et Darwin dans sa réflexion, mais à l'inverse, le naturaliste ne peut pas inclure l'idée que Dieu nous a créés et qu'il nous aime. Il y a là, me semble-t-il, un frein évident à la tenue d'un dialogue véritable.

Enfin, quand vous annoncez votre «parti pris radical pour la vie» en lien avec votre foi en Jésus Christ, je peux témoigner que, sans la foi, on peut et on doit prendre parti tout aussi radicalement pour la vie.

Cyrille Barrette

3

Où allons-nous ?

Pierrefonds, mai 2012

Si les personnes âgées se penchent volontiers avec attendrissement sur leur passé et si les adolescents cherchent à se connaître et à découvrir leur identité, peut-être bien que l'attention portée à l'avenir serait l'occupation inconsciente des enfants qui jouent et qui rêvent, dans une sorte de loisir infini, comme s'ils devaient exister toujours ? Quant à nous, les adultes qui avancent en âge, l'illusion d'être immortels disparaît assez vite quand la mort se profile devant nous avec son cortège de maladies et de souffrances, de peurs et d'angoisses qui l'annoncent et l'accompagnent. Alors, la question de ce qui nous attend au terme de notre vie ne se pose plus comme un rêve, mais comme une évidence inéluctable de dégradation et de perte. Où allons-nous ? La mort est-elle la fin de tout pour nous ?

L'éventualité de notre mort comme perspective inévitable de notre condition humaine joue un grand rôle en ce qui concerne notre destinée. Elle nous oblige tous à réfléchir et à décider si notre vie a un sens, si elle vaut la peine d'être vécue et si le bonheur est une destination possible, et à quel prix. Elle nous permet de fournir à notre vie, par le don qu'elle est appelée à faire d'elle-même dans l'amour, sa plus haute et plus précieuse dignité.

C'est ici, pour le chrétien, qu'apparaît la résurrection, comme une percée décisive dans le mur de la mort, comme une porte ouverte sur la vie que plus personne désormais ne pourra fermer. J'imagine, Cyrille, que pour un savant naturaliste, cette prétention du croyant à un au-delà de la mort doit apparaître tout à fait étrange, incompréhensible, illusoire. Et pourtant, c'est là que se trouve, pour ainsi dire, le noyau atomique de la foi et le fondement ultime de l'espérance chrétienne. Si le Christ n'est pas ressuscité, reconnaît déjà saint Paul, notre foi est vaine et vide de contenu. Nous sommes les plus malheureux des hommes et des femmes. Buvons et mangeons, car demain nous mourrons. Enlevez la résurrection et le christianisme perd toute sa pertinence originale et sa force de renouvellement : il retombe platement dans une morale. On ne saurait trop insister sur le caractère inouï et révolutionnaire de la résurrection. Il s'agit, s'il est avéré, du fait le plus important de l'histoire et qui concerne tous les êtres humains. Lors des apparitions de Jésus ressuscité, les premiers disciples et apôtres eux-mêmes, dans leur joie, n'arrivaient que difficilement à croire tant la surprise était grande et la réalité bouleversante. Comme on dit, c'était trop beau pour être vrai. « Et si c'était vrai ? » Cette étonnante nouvelle, qui se propage tout au long de l'histoire, continue aujourd'hui encore à solliciter notre liberté et notre assentiment.

Il faut dire que la résurrection du Christ en elle-même n'est pas évidente. Elle nous parvient à travers les écrits évangéliques et grâce à la longue lignée des témoins qui attestent, par leur vécu même, qu'ils ont rencontré le Vivant. Il est possible à tout homme de reconnaître la vérité de cette révélation bouleversante au cœur même de son expérience personnelle. La présence du Ressuscité cependant ne s'impose pas, elle se propose, dans l'absolu respect de notre liberté. C'est dire qu'il existe assez de lumière, assez d'indices, une convergence assez claire de probabilités, pour qu'il soit intelligent et raisonnable de croire, et, à la fois, assez d'obscurité pour que notre assentiment demeure libre.

Pour qui accepte la résurrection, le futur se transforme alors en avenir. Le temps chronologique, répétitif, fermé sur lui-même, se déploie et devient porteur d'événements heureux débordant de nouveautés. Pour le chrétien, la personne humaine n'est pas en marche vers le néant, mais vers une plénitude de vie. Pour lui, la mort devient un passage qui mène à une nouvelle naissance.

La résurrection exprime autre chose que l'immortalité de l'âme des philosophes grecs et des déistes, autre chose que la réincarnation des religions orientales. Il s'agit de la transformation de toute notre réalité humaine dans l'attente de la liberté des enfants de Dieu, à laquelle participe la nature elle-même alors qu'elle gémit dans les douleurs de l'enfantement. Dans un langage imagé – qui ne peut guère qu'approcher la réalité du renouvellement de toutes choses à venir, au terme de notre vie terrestre –, on parlera du Royaume, du ciel, du paradis. Je suis d'accord avec Henri Nouwen pour penser qu'il est futile de nous laisser distraire et inquiéter par ce que sera notre existence comme ressuscités, après la mort. L'important demeure de faire l'expérience, dès maintenant, au quotidien, des prémices et de l'émergence de notre propre résurrection.

Notre résurrection personnelle trouve sa réalité dans celle du Christ. Nous sommes *déjà* ressuscités en lui, mais *pas encore* pleinement. Notre vie quotidienne constitue le lieu et le temps tout désignés où il nous devient possible de faire l'apprentissage de notre résurrection, de nous exercer, dès maintenant, à passer de la mort à la vie. Nos difficultés, petites ou grandes, de quelque nature qu'elles soient, se présentent à nous comme de petites morts à notre mesure, occasions en or pour nous apprendre à ressusciter, à nous remettre debout et en marche. On meurt comme on vit, dit-on! Nous pouvons facilement savoir comment nous allons mourir, comment nous allons vivre l'ultime difficulté de notre mort, en considérant comment nous fonctionnons dans nos difficultés quotidiennes, comment nous nous y prenons et le temps qu'il nous faut pour nous en sortir.

Je suis bien conscient, Cyrille, que ces perspectives de la foi chrétienne affolent la pensée scientifique à la recherche des évidences et des preuves. Ici, plus que jamais, la foi – surtout quand elle est destinée à toute personne, de tous âges et de toutes cultures – se propose comme un autre chemin d'intelligence fort différent de la démarche scientifique qui, elle, ne saurait être le lot de tout le monde, en particulier des gens simples et des tout-petits.

Newman, après beaucoup d'autres, a constaté que dans la vie ordinaire, la majorité des humains ne raisonnent pas comme les savants, par des syllogismes démonstratifs ni par des vérifications rigoureuses et systématiques. Les gens ordinaires fonctionnent par convergence de probabilités, par le concours d'une variété d'indices, faibles en eux-mêmes, mais qui, par le fait qu'ils convergent, acquièrent une force suffisante pour rendre raisonnable l'assentiment qu'on leur accorde. Pensez au vieux cultivateur qui affirme qu'il va pleuvoir demain en regardant le ciel, en considérant d'où vient le vent, en observant le comportement des vaches dans le champ et la façon de voler des oiseaux, sans oublier ses courbatures et ses rhumatismes. Il saura prévoir la température probablement tout aussi bien, sinon mieux, que le spécialiste en météorologie à la télévision. L'image du fil de fer et de la barre de fer, s'il en est besoin, illustre encore ma réflexion. La barre de fer représente les preuves scientifiques : fortes, solides, rigoureuses. La rationalité familière, celle des gens ordinaires, ressemble au fil de fer. Les indices, si faibles soient-ils lorsqu'ils sont isolés, non seulement additionnent, mais multiplient leurs forces lorsqu'ils sont placés ensemble et soumis, pour ainsi dire, à une torsion qui les confirment mutuellement. Le fil de fer atteint ainsi autant de force que la barre de fer avec, en surplus, l'avantage inestimable de la souplesse. C'est, à mon avis, par un chemin d'intelligence de ce type qu'il est donné à tous de pouvoir consentir intelligemment aux perspectives d'avenir que propose la résurrection du Christ, dans la tradition chrétienne.

Accueillie avec gratitude, dans la liberté et dans la foi, la résurrection du Christ fournit une précieuse clé d'interprétation permettant de lire et de comprendre la réalité de notre monde et de notre histoire, et d'en découvrir le sens profond. Qui a la foi en la résurrection reconnaît partout à l'œuvre le schéma pascal, le passage de la mort à la vie, d'un manque de vie à un plus de vie. Tous les humains, à moins d'être dégénérés, recherchent spontanément à produire et à assurer la croissance de la vie. La mère qui met au monde un enfant consacre tout son amour à le nourrir et à l'éduquer ; le père qui travaille participe par sa créativité, lui aussi, à la croissance de la vie. Ainsi en est-il de l'infirmière, du médecin, de l'enseignant, du savant, des manœuvres, de la cuisinière, de l'artiste, etc. : chacun, dans son secteur de compétence, essaye de donner le meilleur de lui-même pour que la vie réussisse. Dès lors, que nous soyons croyants ou non, que nous nous rattachions à telle ou telle confession religieuse, nous pouvons chaque jour découvrir en nous et autour de nous, au fil de nos expériences familières, des petites et des grandes résurrections, comme autant de forces qui travaillent en profondeur notre monde pour le transformer et l'amener à sa perfection.

Ma foi personnelle, je l'avoue, se nourrit concrètement de la rencontre de personnes qui vivent et témoignent de la résurrection dans leur quotidien. C'est par elles que le Christ ressuscité se donne le plus sûrement à rencontrer. Sa présence se découvre, en transparence, dans les visages qui reflètent le sien, visages de belles personnes vivantes, en travail de résurrection, présentes et agissantes dans leur milieu, pour rendre notre monde plus humain et plus fraternel.

Jean-Guy Saint-Arnaud

Saint-Augustin, mai 2012

La question étant résolument tournée vers l'avenir, je commence par une vérité de La Palice d'une grande sagesse : nous ne pouvons vivre qu'au présent. Toute notre vie se déroule au présent. Le passé est totalement inaccessible ; c'est du présent qui n'existe plus, et le futur est toujours incertain ; c'est du présent qui n'existera peut-être jamais. Notre corps est prisonnier du présent, et le présent, c'est très court ; heureusement, il se renouvelle tout le temps.

Malgré tout, notre esprit retourne souvent dans le passé et s'aventure souvent dans le futur. Tout n'est pas sombre en ces lieux et ces excursions ne sont pas toujours futiles. Ce sont les lieux où l'on puise l'expérience et la sagesse et où on invente des projets, des espoirs et des désirs. Mais on trouve aussi en ces lieux des regrets, des remords, des ressentiments et de la nostalgie, ainsi que des peurs, des désespoirs et des angoisses. Aucune autre espèce ne connaît ces fruits parfois empoisonnés, rencontrés dans nos excursions mentales temporelles hors du présent. Aucune autre espèce ne se demande d'où elle vient et ne s'inquiète d'où elle va.

Le futur sera meilleur s'il est nourri par la sagesse et l'expérience, et s'il est l'expression d'un projet. On peut faire bien des choses sans projet, toutes les bêtes le font et même toutes les plantes le font (les érables fleurissent cette semaine sans l'avoir planifié). Cependant, on fait plus et mieux avec projet, intention, désir. Et avec projet, on fait ce qu'on décide, ce qu'on désire, ce qu'on choisit, ce qu'on aime. Alors, que répond notre tête à la question : « Où allons-nous ? », pendant que notre corps est toujours ici, maintenant ?

La question a plusieurs sens ; elle appelle donc plusieurs réponses, toutes valides. D'abord, où s'en va l'espèce humaine sur Terre ? Au rythme actuel, elle court les yeux fermés vers un précipice. La surpopulation des pays pauvres, la surconsommation des pays riches, les inégalités scandaleuses entre riches et pauvres, la dégradation accélérée des milieux naturels, l'endettement astronomique des personnes et des pays, la surexploitation des ressources, la production et la consommation érigées en doctrine dogmatique, la marchandisation de tout, y compris la santé, l'éducation et la culture, tout cela forme une litanie déprimante et un mélange toxique et explosif.

Nous avons acquis grâce à notre cerveau des pouvoirs considérables d'action et de contrôle sur la nature, et c'est tant mieux, mais ce n'est pas sans risques. Tenter de contrôler la nature ne nous met pas à l'abri des mauvaises décisions ni des effets pervers imprévus des bonnes décisions. De plus, notre gros cerveau nous a permis de penser l'avenir, d'inventer un avenir, de nous y préparer. Nous sommes la seule espèce capable d'être proactive, de se «pré-adapter», d'agir aujourd'hui en fonction d'un projet, c'est-à-dire d'une cause future. Cause future est un oxymore pour toutes les autres espèces. Toutes les autres espèces sont réactives, tout comme le processus de sélection naturelle lui-même: l'adaptation est toujours une réaction à un changement survenu préalablement. Demander: «Où allons-nous?» manifeste un désir de proactivité. Nous sommes capables d'être proactifs, mais ce n'est pas facile, simplement parce que ce n'est pas naturel; c'est contre-nature. Un étudiant se préparant longtemps d'avance pour un examen est proactif, mais c'est toujours difficile et plutôt exceptionnel. Pratiquer la médecine préventive, c'est intelligent, mais c'est beaucoup plus facile, motivant et naturel de faire de l'exercice et de surveiller son alimentation après plutôt qu'avant un infarctus. Il ne suffit pas de vouloir et de pouvoir être proactif pour l'être, il faut exercer une intelligence supérieure pour y parvenir.

La surpopulation humaine actuelle est un excellent exemple d'un effet pervers résultant pourtant d'actions positives et bien intentionnées. En effet, grâce aux avancées scientifiques de l'agriculture, de la médecine et de l'hygiène élémentaire, on a réduit considérablement depuis un siècle l'incidence des famines et les niveaux de mortalité infantile. Comme on n'a pas réduit en même temps la fertilité, les populations se sont accrues à un rythme exponentiel. Ici aussi, l'intelligence supérieure proactive a fait défaut.

Voici deux autres exemples. Il ne fait aucun doute qu'il a fallu déployer une grande intelligence pour inventer les armes atomiques. Cependant, selon moi, il s'agit là à peu près de la même sorte d'intelligence que celle du castor construisant sa hutte, ses canaux et son barrage, ou celle des termites créant leur ville souterraine climatisée. L'intelligence supérieure dont je parle consiste à ne pas utiliser les armes atomiques. Dans le reste de la nature, l'animal utilise à fond les armes acquises par sélection naturelle. Or, en août 1945, Hiroshima et Nagasaki semblent avoir allumé l'intelligence indispensable à notre survie : dans le flash atomique destructeur, nous avons compris qu'une guerre nucléaire planétaire ne laisserait aucun gagnant. La question est donc : « Aurons-nous l'Intelligence de survivre à notre intelligence ? »

Mon dernier exemple nous concerne plus personnellement. Nous sommes tous porteurs de programmes génétiques servant à mettre en réserve, sous forme de graisses corporelles, la nourriture temporairement surabondante. Il n'est donc pas surprenant qu'il soit si facile d'engraisser et si difficile de maigrir. Ces programmes hérités de nos ancêtres ont grandement contribué à leur survie, puisqu'ils leur permettaient de profiter des rares périodes d'abondance pour survivre aux saisons défavorables et aux épisodes récurrents de famine. Or, dans nos conditions actuelles de surabondance constante de nourriture riche et facilement accessible, cette intelligence animale inscrite dans nos gènes s'avère être potentiellement catastrophique. Nous continuons à faire des réserves pour une famine qui ne survient jamais. Ces gènes adaptatifs dans le contexte ancien deviennent de nos jours les gènes de l'obésité et de toutes les maladies associées. Ici aussi, il faut développer et utiliser une grande intelligence d'une nature nouvelle pour résister aux frites et à la crème glacée, longtemps avant que leurs effets néfastes ne surviennent.

Alors où allons-nous en tant qu'espèce? Face à tous les défis posés en accéléré par la vie moderne sur notre planète, où nous tentons tant bien que mal de nous débrouiller avec l'héritage de notre évolution biologique passée, j'espère que nous allons là où l'intelligence peut nous mener. Nous en sommes capables individuellement et collectivement. Les armes atomiques inutilisées et le fait que nous ne soyons pas tous obèses en témoignent avec éloquence. Il serait dommage de continuer tête baissée vers le précipice comme une bête stupide, plutôt que de travailler à réaliser ce qu'Albert Jacquard appelle « une civilisation terrienne ».

Un autre sens de la question peut faire référence à notre évolution biologique future. Ici, il est presque certain que notre espèce ne changera pratiquement plus dans le futur par le processus spontané qu'est la sélection naturelle. Grâce à nos inventions technologiques et médicales, nous avons paralysé l'action de la sélection sur nous. Si dans 1000 ans ou 10 000 ans, en supposant bien sûr de ne pas nous être autodétruits d'ici là, nous avons complètement perdu nos dents de sagesse, nos petits orteils et notre appendice, ce ne sera sûrement pas par sélection naturelle, puisque ces caractères n'influencent plus du tout notre succès reproducteur individuel. De même, on ne peut pas compter sur la sélection naturelle pour accroître la taille de notre cerveau, puisque les gens d'aujourd'hui ayant un plus gros cerveau n'ont pas plus d'enfants. Si, dans le futur, nous changeons biologiquement, ce sera grâce au génie génétique appliqué à notre espèce. Voilà une perspective qui, à juste titre, soulève autant de craintes que de promesses. Les effets pervers de ces manipulations génétiques éventuelles seront probablement aussi surprenants que néfastes. Si nous empruntons cette avenue, souhaitons-nous une bonne dose de moralité, de responsabilité et d'intelligence. Inventer l'homme ne se fait pas sans péril.

Une tout autre perspective que nous ouvre la question, c'est la possibilité de quitter en masse notre Terre pour tenter de coloniser une autre planète. La meilleure candidate semble être notre voisine Mars. Les utopies peuvent être parfois de bon conseil, mais ici, ce n'est pas le cas. Nous ne sommes ni prédisposés ni préadaptés pour survivre aux conditions environnementales atroces de Mars. De plus, nous avons déjà à la maison l'atmosphère, le climat et les forêts auxquels nous sommes remarquablement bien adaptés, puisque nous en sommes issus.

Envoyer une douzaine d'humains sur Mars exigerait des prouesses technologiques, des investissements titanesques et beaucoup de chance (la plupart des sondes envoyées vers Mars jusqu'à maintenant se sont soit perdues dans l'espace, soit écrasées sur le sol martien au lieu de s'y poser en douceur). Que dire de vouloir y déménager des milliards d'humains ? De plus, si c'est pour y transporter notre stupidité dévastatrice en bonne voie de ruiner notre propre biosphère, ce ne serait ni utile ni intelligent. Décidément, mieux vaut déployer notre intelligence ici sur notre planète. Et le temps presse. Même à long terme, l'espèce humaine sera décidément terrestre ou ne sera pas.

Enfin, voici un dernier sens à donner à la question, peut-être le plus pertinent pour la mission de ce livre. Dans un tout autre ordre d'idées, je devine que le sous-entendu de la question est : « Où allons-nous après la mort ? » Si c'est le cas, la science a peu à dire là-dessus. En toute honnêteté, elle doit répondre qu'elle ne le sait pas. Pas plus que la religion d'ailleurs. Comparons la vie après la mort avec la vie extraterrestre, deux sortes de vie jamais observées. Dans les deux cas, nous sommes contraints à l'agnosticisme, c'est-à-dire littéralement à l'absence de connaissance. Cependant, dans le cas de la vie extraterrestre, nous avons de plus en plus de bonnes raisons de croire que cette vie existe et d'espérer en trouver bientôt. Nous serons donc libérés de l'agnosticisme dès que nous en aurons observé un premier échantillon. Mais nous n'avons aucune bonne raison de croire en l'existence de la vie après la mort et aucune façon de pouvoir l'observer. Sur cette question, nous sommes donc condamnés à l'agnosticisme à perpétuité. Pour la science, la vie après la mort n'existe donc pas et la réponse courte de la science à la question est : « Nous n'allons nulle part après la mort. » Pour le naturaliste, il n'existe que la vie avant la mort et elle nous occupe corps et âme à temps plein.

Cyrille Barrette

Réplique – Où allons-nous ?

J'ai toujours hâte de recevoir vos lettres, Cyrille. Elles m'ouvrent de nouvelles perspectives sur la réalité et stimulent mon désir de connaître. Je remarque que tous les deux, chacun à notre manière, nous avons évoqué, dans nos lettres, la question du temps. Il serait intéressant de pousser plus avant l'exploration de cet élément fondamental de notre condition humaine qui sert de trame aux théories de l'évolution et aux réflexions philosophiques sur le devenir et le développement. J'imagine que l'idée d'éternité qu'entretiennent les croyants viendrait singulièrement compliquer une question déjà très complexe.

J'ai trouvé fort éclairante votre description des perspectives d'avenir du monde et de l'espèce humaine. Vous présentez quelques exemples éloquents – surpopulation, armes atomiques, obésité, manipulations génétiques – pour illustrer l'alternative devant laquelle nous nous trouvons. Le paysage est sombre, mais vous savez reconnaître des voies d'espérance en appelant à « une intelligence supérieure proactive » et en souhaitant « une bonne dose de moralité, de responsabilité et d'intelligence », pour ne pas « continuer tête baissée vers le précipice, comme une bête stupide ».

Grâce à son gros cerveau, vous reconnaissez qu'il est possible à l'être humain d'être proactif, capable d'inventer l'avenir et d'agir en fonction d'un projet, alors que toutes les autres espèces sont simplement réactives. Vous affirmez que la proactivité n'est pas naturelle et même contre-nature, sans doute parce qu'ainsi la personne humaine échappe à la sélection naturelle et aux déterminismes évolutifs, et qu'il est difficile d'être intelligent. La nature de l'homme s'ouvre sur l'aventure de l'intelligence et trouve son épanouissement dans la culture. Notre prochaine question sur la liberté nous permettra sans doute d'approfondir davantage l'aspect positif de la proactivité chez l'être humain.

La comparaison entre la vie après la mort et la vie extraterrestre est, à mon avis, mal venue en regard de la résurrection. L'amalgame est intenable, à moins de chosifier la résurrection et de la concevoir comme le passage vers un lieu physique ou un ailleurs (comme le veut Platon), alors qu'il s'agit d'une nouvelle manière d'exister, déjà en œuvre ici et maintenant.

La finale de votre troisième lettre me laisse songeur. Je conçois facilement que, compte tenu de sa méthode, la science ait « peu à dire » sur la question de la vie après la mort. Je vous sais très honnête lorsque vous vous dites agnostique à ce sujet. Mais, je conteste toujours le monopole que revendique une certaine science par rapport à la connaissance. J'estime que la foi introduit vraiment, par une autre voie, à des savoirs. La foi chrétienne a vraiment quelque chose à dire sur l'au-delà de la mort, sur la résurrection. Il s'agit, certes, d'une réalité forcément mystérieuse, que nous n'avons jamais fini de comprendre et qu'il est impossible de réduire à un pur problème. Il y a de bonnes raisons de croire en l'existence de la vie après la mort que la science, à mon avis, récuse à tort. Quand vous écrivez que, pour la science, la vie après la mort n'existe pas, que, pour elle, nous n'allons nulle part et qu'il n'existe que la vie avant la mort, ces affirmations sont fort peu scientifiques et fort loin de l'agnosticisme que vous préconisez.

Jean-Guy Saint-Arnaud

Réplique – Où allons-nous ?

Devant une expression de foi telle que vous la manifestez dans votre troisième lettre, Jean-Guy, voici les sentiments qui me viennent : écoute, accueil, respect, un peu de crédulité, une certaine admiration et silence devant le mystère de la foi. Puisqu'on ne perd pas facilement ses habitudes, alors fidèle aux miennes, voici quelques commentaires pointus sur cette lettre, ainsi que sur votre deuxième réplique, toutes deux denses et inspirantes.

Je trouve en effet « étrange le domaine de la foi » : étrange que l'on éteigne volontairement sa propre raison pour croire l'incroyable indémontrable. « L'existence de Dieu, la divinité de Jésus Christ, sa résurrection » ne me semblent pas des croyances « irrationnelles » ou dé-raisonnables, mais simplement a-rationnelles, c'est-à-dire sans possibilité d'appui de la raison. On peut réfléchir rationnellement à ces questions, comme le fait la théologie, mais au terme de la réflexion, au moment de croire ou de ne pas croire, on fait taire sa raison, on ferme les yeux et on saute dans le vide avec, j'imagine, plus ou moins de confiance.

La science ne prétend pas démontrer l'absence d'un « projet » ou d'un dessein dans l'univers, elle respecte simplement le postulat d'objectivité qui remonte à Galilée et Descartes au XVIIe siècle. Ce postulat est un engagement solennel de la science, par exemple, à ne jamais invoquer de causes finales (c'est-à-dire divines) dans ses explications du monde. Invoquer un projet divin ou des causes finales est une capitulation de la raison, c'est appeler Dieu au secours pour combler les trous dans nos connaissances au lieu de travailler à les combler par la science.

Je n'accepte pas l'idée que, si le Christ n'est pas ressuscité, « nous sommes les plus malheureux des hommes et des femmes. Buvons et mangeons, car demain nous mourrons. » Je témoigne qu'avant de mourir on peut aussi penser et aimer, et en tirer de grandes joies qui donnent un véritable sens à notre vie. Si « la résurrection du Christ [...] concerne tous les êtres humains », pourquoi la vaste majorité des humains passés et présents sont-ils encore privés de cette croyance 2000 ans plus tard ?

Contrairement à ce que vous suggérez, les « perspectives de la foi chrétienne » n'affolent pas du tout la pensée scientifique, puisqu'elles ne pénètrent même pas sur le terrain de la science. Elles existent dans un autre monde. En contrepartie, les méthodes, les résultats et les exigences de la science ne peuvent d'aucune façon menacer les croyances religieuses. La foi n'a rien à craindre ni à espérer de la science, et la science ne peut rien attendre de la foi.

Tout en admirant votre discours de croyant, particulièrement sur la résurrection, je pense que notre vie peut très bien avoir tout autant de sens dans la conviction qu'elle se termine totalement à notre mort. D'ailleurs, j'aime bien quand vous parlez de « décider si notre vie a un sens ». Je crois en effet qu'elle n'a un sens que si nous lui en donnons un et la foi n'a certainement pas le monopole du sens de l'existence.

Cyrille Barrette

4

L'être humain est-il libre ?

Pierrefonds, juin 2012

Voilà une question, Cyrille, qui m'est particulièrement chère et m'intéresse au plus haut point. Depuis plus de cinquante ans, en effet, dans mon travail d'accompagnement spirituel, j'ai été confronté à des problèmes de liberté. Ma mission, pour une grande part, consistait à aider les personnes à se dégager de leurs prisons pour leur ouvrir l'accès à leur liberté. Problèmes de croissance humaine et spirituelle et problèmes aussi de guérison de libertés blessées.

Beaucoup de disciplines, en philosophie, en psychologie, en sociologie et en histoire, se sont employées à explorer théoriquement le vaste univers de la liberté. Par delà toutes les idées qu'on peut s'en faire, pour arriver à saisir la liberté dans sa réalité elle-même, en « flagrant délit d'exister », en gestation dans la personne humaine, ce qui m'intéresse, c'est d'emprunter le point de vue du pédagogue plutôt que celui (non négligeable) du philosophe ou du psychologue.

La question de la liberté est, en effet, immense. On chante la liberté. On se bat pour la conquérir quand elle est méprisée et rejetée par des régimes totalitaires (« Tout ce qui n'est pas défendu est obligatoire ! ») ou menacée par des lois injustes et par la pression aveugle des foules. Spontanément, tout humain cherche à être libre et revendique la liberté comme le droit le plus précieux, droit de pensée et d'opinion, d'expression et de parole, d'association. Voilà ce que consacrait, en 1948, l'Organisation des Nations Unies dans sa Déclaration universelle des droits de l'homme : « Tous les êtres humains naissent libres et égaux en dignité et en droits. Ils sont doués de raison et de conscience et doivent agir les uns envers les autres dans un esprit de fraternité. » Les peuples qui se respectent se doivent donc de favoriser la liberté, l'égalité et la fraternité de chacun de leurs citoyens, et de rechercher, entre les pays, le libre échange et la libre circulation des biens.

L'être humain est-il libre, oui *ou* non ? La réponse de toute évidence est : oui *et* non. L'enfant à sa naissance n'est pas libre. Il aura, au fil de sa chronologie, de son histoire, de sa maturation, à se libérer, c'est-à-dire à découvrir et à inventer son autonomie. Pour tenir compte de la croissance de l'être humain, il serait plus juste de parler ici de libération (comme processus) plutôt que de liberté. Il est clair qu'au départ de notre vie, nous ne sommes pas autonomes. N'étant pas capables alors de nous décider nous-mêmes et de répondre de nos actes, nous avons besoin de nos parents pour nous fournir des points de repère et nous guider. Nous sommes ainsi nécessairement soumis, de l'extérieur, à des impératifs et à des lois qui nous protègent et nous indiquent des chemins de vie. Assurer le passage de l'enfance à la maturité, c'est amener l'enfant qui est essentiellement conduit par un autre à se conduire par lui-même, à passer d'un fonctionnement de complaisance ou de conformisme à un fonctionnement de conviction. L'accès progressif à la liberté, il faut le noter, n'abolit pas les lois ni les déterminismes nombreux qui continuent à régir notre vie, mais il nous permet de nous en dégager et de les dépasser, jusqu'à un certain point, en les intégrant et en composant avec eux. C'est à travers l'émergence et la croissance de notre liberté que s'opère alors la merveilleuse conquête de notre identité profonde.

Ainsi, tout commence par la naissance de ce que nous appelons notre conscience, par la découverte de notre intériorité. J'ai décrit quelque part cette expérience unique que tout enfant connaît vers l'âge de cinq ou six ans.

> Je me souviens fort bien d'avoir vécu une sorte d'éclatement en dedans de moi-même, la découverte d'un espace, d'un dédoublement de moi-même, de distance me permettant de me savoir présent à moi-même. Je devenais capable de réflexion : je savais que je savais. Je venais de naître à moi-même, à mon JE, à mon intériorité. Des images se pressent pour me faire comprendre ce qui se passait alors : c'était comme si je venais de saisir que je possédais en moi une sorte de salle de contrôle, une sorte de régie intérieure comme il s'en trouve aux stations de

la radio ou de télévision, ou une cabine de pilotage dans les avions, là où les informations arrivent et où se prennent les décisions.

Notre conscience, au départ, apparaît comme une sorte d'écrin, de matrice, de nid, où peut éclore le plus précieux cadeau que la vie donne à la personne humaine: la liberté, avec tout ce qu'elle implique, l'intelligence et l'amour, la capacité de juger, de discerner et le courage de se décider et de répondre de ses propres actions. Il ne faut pas avoir vécu longtemps pour comprendre, bien sûr, que tout cela n'est pas donné d'emblée, d'entrée de jeu. C'est toute l'éducation de la tête et du cœur qui est mobilisée et mise en œuvre pour qu'apparaissent la liberté et l'autonomie responsable de l'adolescent. La chambre intérieure est appelée à s'agrandir et à se meubler. Il faut donc à la fois bien équiper la salle de contrôle ou la cabine de pilotage et bien instruire les utilisateurs.

La liberté surgit du jeu contrasté de la tête et du cœur, de l'intelligence qui mesure et de l'amour qui défie toute mesure. Dans la conscience soufflent le chaud et le froid. L'être humain demeure toujours capable de s'affranchir ou de s'asservir. L'insatisfaction du pur désir de connaître se mêle aux élans passionnés du cœur jamais apaisé pour faire éclater en lui des dimensions inédites de vie. Qui n'a pas connu l'ivresse de se déterminer soi-même, d'arriver à maîtriser, comme un cheval sauvage, ses élans affectifs et ses forces instinctives, et parvenir ainsi, par ses décisions libres, à se mettre au monde, à créer son visage proprement humain ? La personne humaine, en effet, se définit, trouve son identité et son visage en ses décisions libres où s'expriment et se conjuguent sa créativité, son autonomie, sa responsabilité et sa capacité d'engagements concrets.

Il faut aller plus loin et reconnaître que le secret de la liberté réside essentiellement dans un grand amour, une grande passion qui relativise, sans les abolir, toutes les autres amours humaines. C'est l'amplitude affective qui procure à la liberté son espace propre, en agrandissant, pour ainsi dire, et en étirant l'âme. La liberté manifeste que nous sommes faits pour du plus grand. Elle se définit comme une qualité de l'amour qui n'est pas contraint, que rien ne bloque et n'arrête. Seule une grande passion d'amour (qu'il s'agisse de l'amour de Dieu, de la science, des arts, des personnes) permet, à la limite, avec le concours indispensable de l'intelligence (pour en éviter les dérives), d'opérer la radicale relativisation de tout le reste. Jusqu'à faire servir à ses propres fins ce qui, au départ, lui est contraire, comme le voilier qui remonte le vent par la disposition de ses voiles. Jusqu'à manifester une résilience à toute épreuve, comme le montrent merveilleusement Viktor Frankl, qui découvre sa liberté dans le camp de concentration, et Etty Hillesum, qui proclame à qui veut l'entendre, en plein cœur de la Shoah, que la vie est belle et qu'elle a du sens en dépit de tout.

La liberté se trouve à plusieurs titres au cœur même de la vie chrétienne et, tout d'abord, en Jésus Christ, homme libre par excellence. Même ceux qui ne croient pas en lui, souvent à cause des chrétiens ou des Églises qui le défigurent, reconnaissent la singulière qualité de sa liberté, dans sa manière d'être, face à son milieu, face à la mort et dans ses relations à Dieu. Les Béatitudes tracent son portrait. Le secret de sa liberté se trouve dans l'amour souverain, fait de confiance inconditionnelle et d'abandon total, qui le relie à son Père.

Homme libre, Jésus est encore le libérateur par excellence. Par sa résurrection, il nous affranchit du mal, de la souffrance et de la mort. En nous révélant un Dieu Père qui n'est qu'amour, il nous libère non seulement de la peur et de la tristesse, de nos angoisses et de notre solitude, mais aussi de l'oppression de l'absolu, de ce que les religions peuvent avoir d'aliénant et de destructeur. La vie et l'enseignement de Jésus, sa présence permanente parmi nous, font disparaître le caractère tragique de notre existence et nous dégagent de toute fatalité. Le grand amour du Christ, plus fort que la mort, toujours offert, toujours inconditionnel qu'on appelle pardon, fournit à notre liberté sa base et son point d'appui inébranlables. C'est lui qui nous rétablit sans cesse dans la liberté et fait de nous des guérisseurs d'humanité, à l'instar des Desmond Tutu et Nelson Mandela.

Il me faut redire, pour conclure, qu'Ignace de Loyola a été pour moi un merveilleux maître de libération grâce à la pédagogie de ses *Exercices spirituels.* Libérer la liberté, éclairer la liberté et engager la liberté, telles sont pour lui les étapes qui conduisent à la pleine « délivrance des âmes captives ».

Jean-Guy Saint-Arnaud

Saint-Augustin, juin 2012

Si on pose la question, c'est sûrement qu'on en doute. Quelles bonnes raisons avons-nous d'en douter ? Je n'en vois aucune. J'aurais pu décider de ne pas écrire cette moitié de livre. Rien ne m'y obligeait. De même, j'aurais pu ne jamais écrire cette phrase qui n'a jamais été écrite auparavant, dans toute l'histoire de l'univers, et qui l'est maintenant : minuscule miette de liberté. Pour être libre, il faut peut-être pouvoir ne pas l'être, comme la noirceur n'existe pas sans lumière. La noirceur, c'est l'absence locale de lumière, mais sans aucune lumière nulle part, aucune noirceur ne serait possible. Pour l'aveugle-né, pour qui la lumière n'a jamais existé, la noirceur n'existe pas non plus. C'est la lumière qui fait de l'ombre, comme la mort accentue l'éclat de la vie. De même, c'est l'absence de liberté chez toutes les autres espèces qui met en lumière et qui définit la nature de notre liberté.

Bien sûr, tout ce discours, comme tous les discours, est une question de définition. Depuis 3000 ans, les philosophes ont probablement dit à peu près tout ce qu'ils avaient à dire sur le mot « liberté ». Qu'en dirait un biologiste aujourd'hui ? Il dirait d'abord que le mélèze et le castor ne sont pas libres, ils sont programmés.

Le thermostat d'une maison est programmé pour maintenir la température constante à l'intérieur ; le mélèze et le castor sont programmés pour faire passer dans la génération suivante les programmes génétiques qui les animent. Le thermostat et le mélèze peuvent nous sembler libres et intelligents, mais ce n'est qu'une illusion, une expression de la qualité de leur programmation, reçue en héritage de ses parents, dans le cas du mélèze. Je reconnais et définis donc notre liberté par comparaison à son absence chez toutes les autres espèces vivantes.

L'humain aussi est le fruit d'un programme hérité de ses ancêtres. Une moitié des gènes de ma mère combinés à une moitié de ceux de mon père constituent l'ensemble des instructions, rédigées dans l'alphabet de l'ADN, nécessaires pour construire mon corps, travail spontané et autonome de neuf mois dans l'utérus de ma mère. Mon ADN porte aussi les instructions, les programmes pour assurer la croissance équilibrée, puis le fonctionnement harmonieux de mon corps pendant toute ma vie. Cela inclut la production judicieuse de neurotransmetteurs, d'hormones, de sang et de chaleur, de même que des réflexes et des instincts déjà présents et fonctionnels chez le nouveau-né. Tout cela est involontaire, automatique, spontané, en un mot programmé. Qui a rédigé tous ces programmes ? C'est l'évolution par sélection naturelle. Nous sommes porteurs aujourd'hui de l'ensemble des programmes qui ont eu le plus de succès dans le passé chez nos ancêtres. Chaque espèce porte littéralement la collection des succès passés, retenus de génération en génération par la sélection naturelle. Il n'est donc pas surprenant que le sapin, le requin, la gazelle, la panthère et nous soyons si bien adaptés et si performants.

Malgré tout cela, comparés à toutes les autres espèces, nous jouissons d'une grande liberté. Nous ne sommes plus soumis aux impératifs sévères de la sélection naturelle : reproduction à tout prix, dominance et loi du plus fort, égoïsme et compétition, évaluation de toute chose en fonction du rapport coût-bénéfice, etc. Nous succombons tous bien sûr trop souvent à ces impératifs biologiques, mais nous seuls sommes capables d'y résister et nous valorisons grandement cette résistance à nos « instincts », c'est-à-dire aux programmes génétiques que nous portons tous encore.

Ces programmes dictent également plusieurs de nos comportements sociaux liés à la séduction, à la reproduction, au soin des jeunes, à la coopération, à la compétition ou à l'agressivité. Ces comportements nous semblent naturels et ne nécessitent aucun apprentissage, mais les programmes qui nous les dictent ne sont pas incontournables ; contrairement aux autres espèces, nous n'en sommes pas esclaves. Nous pouvons choisir de faire autrement. Même Richard Dawkins, le plus grand promoteur de l'idée du déterminisme génétique des comportements sociaux l'a clairement reconnu dans la dernière phrase de son premier livre intitulé *Le gène égoïste*: « Nous seuls sur Terre pouvons nous rebeller contre la tyrannie des gènes égoïstes », c'est-à-dire que nous seuls pouvons être libres.

La liberté dont je parle, qui nous distingue de toutes les autres espèces, c'est notre capacité, dont chacun peut témoigner dans sa vie, de résister à toutes formes de supposée prédestination génétique, familiale, sociale ou autre. Cette liberté est l'antithèse des notions de destin, de karma, de tare, de caste, de caractère déterminé par son signe astrologique, d'être né pour un petit pain ou accablé d'un péché originel.

Les expressions les plus fortes et les plus flagrantes de notre liberté sont les gestes contre nature dont nous sommes capables. Ce sont des gestes qu'on ne trouve chez aucune autre espèce et qui nuisent carrément à notre survie individuelle ou à notre reproduction. Par exemple, la contraception, le célibat volontaire, l'avortement, l'homosexualité exclusive, les sports extrêmes et dangereux, les expéditions coûteuses et risquées (par exemple escalader l'Everest) et, par-dessus tout, le suicide. Contrairement aux mythes courants à ce sujet, les lemmings et les baleines ne se suicident jamais volontairement et même les fameux bonobos, réputés hypersexués, ne pratiquent ni contraception ni homosexualité exclusive.

Selon Albert Camus, « il n'y a qu'un problème philosophique vraiment sérieux : c'est le suicide ». Mais peut-être faut-il ramener le problème à sa juste dimension. Après tout, le choix n'est pas absolu entre vivre et mourir comme si ne pas mourir faisait partie des choix, mais c'est seulement de décider du moment plutôt que de le subir. Après tout, la naissance est une condamnation à mort, il ne reste que la date à déterminer. Bien sûr, la dimension tragique du geste est inversement proportionnelle à l'âge auquel on le pose. Le suicide est tout de même, dans tous les sens du mot, l'ultime geste de liberté dont nous sommes capables.

Certes, notre liberté n'est pas absolue, mais limitée et balisée par toutes sortes de contraintes physiques, biologiques et sociales, des contraintes que nous nous imposons nous-mêmes parfois. Ainsi, les lois démocratiquement établies briment nos libertés individuelles au profit de l'harmonie de la vie en société. Je ne suis pas libre de griller un feu rouge ou de me servir sans payer dans une épicerie, et j'accepte volontiers ces contraintes pour éviter le chaos que deviendraient autrement les jungles urbaines. De même, la liberté prend parfois la forme d'un engagement librement consenti ; par exemple en amour, en amitié, envers la patrie, pour défendre une cause ou vivre une vocation. Dans tous ces cas, on peut, sans contradiction, être engagé librement.

La liberté est un cadeau qui n'est ni gratuit ni exempt d'effets pervers. Elle est indissociablement liée à la responsabilité. La chatte qui tue et dévore ses chatons n'est ni responsable ni coupable de meurtre. Elle ne fait que répondre aux impératifs de ses programmations génétiques. Elle avait probablement de bonnes raisons de faire ce geste dans les circonstances sociales et écologiques du moment. Il n'en est pas de même du violeur qui accuserait ses gènes pour se disculper. Il n'est pas esclave de ses hormones; malgré ses pulsions animales, il demeure libre de les exprimer ou non. Il ne peut pas invoquer la défense du soldat qui affirme avoir seulement obéi aux ordres.

Pour faire un lien entre nos deux discours, je dirais que l'effet pervers majeur de la liberté est peut-être l'invention du mal. En effet, selon la Genèse, l'homme est fait libre dès sa création et il ne connaît ni le mal ni le bien. Dieu lui a donné la liberté, mais avec l'interdiction de manger le fruit de l'arbre de la connaissance du bien et du mal. Puis, aussitôt qu'il en mange, ce tout premier geste de liberté est qualifié de péché, de désobéissance et il est sévèrement puni. J'aimerais comprendre la symbolique de cette métaphore où un Créateur fait cadeau de la liberté à sa créature préférée, puis s'empresse de la punir sévèrement, et pour toujours, dès qu'elle l'exprime. Pendant ce temps, ni le mal ni la liberté n'existaient pour le sapin ou pour l'écureuil, et ils sont toujours privés de ces deux attributs uniquement humains.

En conclusion, l'être humain est clairement libre, pour le meilleur et pour le pire. Il est libre de rêver son futur et de tenter de le créer. Encore une fois, le futur n'est jamais écrit ; nous ne sommes pas condamnés à subir un destin prédéterminé et inéluctable. Cependant, nous sommes « condamnés à inventer l'homme » (Jean-Paul Sartre). Cette condition humaine est lourde à porter, mais nous ne serions pas humains sans elle. Je crois que nous vivons une meilleure vie, plus riche, plus pleine, plus heureuse, plus humaine, si nous nous croyons libres, si nous faisons comme si nous l'étions (une sorte de pari de Pascal naturaliste), plutôt que de nous croire esclaves de nos instincts, de nos passions, de notre présumé destin, de la société, des circonstances et de tout le reste. J'aime bien la belle désinvolture de nos amis musulmans exprimée par l'expression *Inch Allah* (si Dieu le veut). C'est une belle attitude d'abandon et de confiance, mais c'est aussi un geste de soumission face à une restriction sévère, voire absolue de notre liberté humaine. On peut préférer se croire esclave pour se libérer de toute responsabilité, mais ce faisant, on renie un grand pan de notre humanité et on s'illusionne, puisqu'on est effectivement libre, parfois libre d'agir, souvent libre de parler et toujours libre de penser.

Cyrille Barrette

Réplique – L'être humain est-il libre?

«La liberté pour le meilleur et pour le pire!» En relisant votre dernière lettre, Cyrille, j'ai l'impression que, plus que moi, vous avez évoqué le pire alors que j'ai essayé, pour ma part, d'explorer le meilleur.

À plusieurs reprises, vous distinguez et définissez la liberté par son contraire. Vous employez pour ce faire des expressions nettement paradoxales. «Pour être libre, il faut peut-être ne pas l'être... C'est l'absence de liberté qui éclaire et définit la nature de la liberté.» Vous laissez entendre que c'est précisément le point de vue du biologiste de définir la liberté en la distinguant de son contraire, en montrant qu'elle est une sorte d'antithèse du destin, qu'elle consiste en la capacité de résister à toute forme de prédestination génétique ou autre. Et vous apportez l'exemple du suicide comme une des expressions les plus fortes et les plus flagrantes de ce qu'est la liberté ainsi définie.

Votre approche réaliste complète singulièrement la mienne qui se veut, je pense, plus positive en insistant sur le meilleur. La rencontre de nos deux lectures nous empêche de verser, de part et d'autre, soit dans un idéalisme désincarné ou dans un pessimisme destructeur. Je ne partage pas avec vous, cependant, vous l'aurez compris, vos affirmations à propos du suicide, qui ressemblent davantage à des boutades qu'à autre chose et demandent assurément bien des nuances : « Après tout, la naissance est une condamnation à mort, il ne reste que la date à déterminer... Le suicide est tout de même, dans tous les sens du mot, l'ultime geste de liberté dont nous sommes capables. » Dans la perspective chrétienne, nous ne sommes ni condamnés ni menacés de mort, mais menacés de vie, promus à la vie par la résurrection. Fait étrange, si la mort nous était si naturelle, comment expliquer qu'ordinairement elle nous répugne tant, qu'elle génère tant de peurs et d'angoisses, sauf peut-être quand la vie devient irrémédiablement insoutenable et que mourir devient une délivrance ? Mais peut-on encore vraiment parler de liberté alors ? Il s'agit bien plutôt d'un désastre de la vie, de l'amour et de la liberté, qu'il ne faut surtout pas honorer ni proposer comme « le geste ultime de liberté ». Il est peut-être le dernier chronologiquement, mais il n'est sûrement pas, « dans tous les sens du mot », le summum, la perfection de l'acte libre.

Mes remarques renvoient à la confiance fondamentale dans la vie que j'ai déjà évoquée dans notre correspondance. Ce parti pris pour la vie est à la base, à mon avis, non seulement de notre dignité humaine, mais aussi des exigences de notre agir responsable. Consentir à la vie, plaider non coupable de vivre ; la question de la liberté trouve tout son sens dans cette décision primordiale qui reconnaît à la vie, et non à la mort, le point d'appui solide pour un agir proprement humain. Nous aurons à revenir là-dessus quand nous aborderons, plus avant, la question de la morale.

Jean-Guy Saint-Arnaud

Réplique – L'être humain est-il libre?

Voici quelques commentaires, Jean-Guy, qui font suite à votre troisième réplique et à votre quatrième lettre. D'abord, je trouve votre lettre sur la liberté absolument admirable et inspirante. Je suis d'accord que l'enfant a «à découvrir et à inventer son autonomie», mais je ne pense pas qu'il ait «à se libérer». Ce n'est pas comme si quelque chose l'emprisonnait ou l'empêchait d'être libre. C'est simplement qu'à son âge, avec son cerveau en formation, son esprit en gestation, la liberté n'existe tout simplement pas. Il est, jusqu'au bien nommé âge de raison, quelque part entre environ cinq et sept ans, comme toutes les autres bêtes, sauf que lui seul pourra ensuite aller au-delà de sa nature animale. Il n'a pas à être libéré, il est simplement en attente, en construction, en préparation: il attend d'être promu au rang de véritable humain.

La vieille question têtue de l'existence du mal est une des balises les plus solides de la frontière entre croyants et incroyants. Il faut en effet une véritable foi aveugle pour affirmer que, par sa résurrection, Jésus «nous a affranchis du mal, de la souffrance et de la mort». En effet, pour quiconque ouvre les yeux, ceux du corps et de la raison, il est évident que le mal, la souffrance, le malheur, la misère, la peur, la peine, l'angoisse et la mort sont encore partout autour de nous. La foi qui fait croire d'être affranchi de tout cela est sans doute admirable, mais sûrement pas rationnelle. Il me semble qu'il est tout aussi admirable qu'un athée qui n'en croit rien puisse être heureux malgré tout. La foi est une question de confiance et d'abandon, l'athéisme est une question de lucidité et de courage. La liberté peut trouver sa place et son sens distincts dans chacun de ces deux mondes.

Dans votre troisième réplique, vous affirmez que « la foi introduit vraiment [...] à des savoirs ». Ici aussi, je trouve que le mot « savoir » n'est pas approprié. J'y reviendrai dans ma lettre sur croire et savoir. Selon vous, « il y a de bonnes raisons de croire en l'existence de la vie après la mort ». J'aimerais bien savoir lesquelles ; la réalité ne peut malheureusement pas toujours prendre la forme de nos désirs.

Vous avez raison, mes affirmations sur la vie après la mort sont peut-être « fort peu scientifiques ». Cependant, une fois qu'il a pleinement admis l'absence de connaissance sur Dieu ou sur la vie après la mort, le scientifique agnostique doit s'abstenir d'extrapoler. En toute cohérence, il peut seulement conclure que pour la science, et jusqu'à preuve du contraire, la vie après la mort n'existe pas. Ses opinions et ses convictions sur la question ne sont pas scientifiques, mais cela n'enlève rien à leur valeur, elles sont du même ordre que les convictions du croyant sur le même sujet, puisqu'il est lui aussi privé de connaissance là-dessus.

C'est ainsi que tout en étant agnostique, je n'en suis pas moins athée : agnostique rationnellement et honnêtement, athée émotivement et de bonne foi, sans contradiction ni schizophrénie.

Cyrille Barrette

5

Qu'est-ce que l'âme?

Pierrefonds, juin 2012

L'*âme*, encore un mot chargé d'histoire et de significations. Au fil du temps, il a pris plusieurs sens, souvent équivoques ou contradictoires. Ce n'est pas là nécessairement un défaut, mais bien plutôt la marque d'une réalité riche, difficile à circonscrire et à enclore dans un mot à signification unique. Il faut ne pas être trop pressés, dès lors, quand nous parlons de l'âme, mais demeurer patients, prêts à emprunter la voie détournée de l'analogie.

Il serait passionnant d'explorer les variations du concept d'âme dans les autres cultures et les autres religions. Pour ne pas cependant compliquer davantage nos réflexions, il paraît préférable de nous en tenir à notre tradition occidentale et à la religion judéo-chrétienne qui l'a profondément marquée.

Pour le commun des mortels, l'âme apparaît comme ce qui maintient le corps en vie. L'âme, précisément, anime le corps, assure la vie du corps. Sans elle, le corps perd sa forme, se dégrade et meurt. L'être humain est donc composé de deux parties: le corps et l'âme, qui sont l'un à l'autre comme l'extérieur et l'intérieur. L'âme peut être considérée comme la face cachée du corps.

Cette conception populaire s'est exprimée, chez les philosophes grecs, en particulier chez

Aristote et Platon, par la théorie de la matière et de la forme (hylémorphisme). Pour ces penseurs, le rôle de l'âme consiste à donner forme à la matière. Le corps, quant à lui, en tant que matériel, devient, pour les platoniciens, le principe de limitation de l'âme. En enserrant l'âme dans ses limites spatiotemporelles, le corps l'enferme comme en un tombeau. La célèbre allégorie de la caverne montre qu'il en est également ainsi pour l'ensemble du monde matériel qui est une immense prison pour l'être humain.

Cette vision des choses vaut pour tous les vivants soumis au mouvement (*vita in motu*). Il existe donc des êtres animés et des êtres inanimés. C'est dire que tous les êtres animés possèdent une âme, les humains (âme pensante), bien sûr, mais aussi les animaux (âme sensitive) et les plantes (âme végétative). Les sciences modernes ont découvert le mouvement des astres, celui qui se produit dans les cellules et jusque dans les atomes! Doit-on parler d'âme qui préside à ces « vies » dans l'univers?

Le dualisme de la matière et de la forme, du corps et de l'âme, en favorisant une perspective d'affrontement, de combat, d'alternative, de choix et de décision, ne va pas sans conséquence. Il n'y a, en effet, qu'un pas à franchir pour passer de la matière comme principe de limitation, à la matière, au corps et au monde matériel, comme illusoire et mauvais, toutes choses qu'il faille quitter pour rejoindre la divinité dans le monde des idées. C'est sur ce fond d'une vision pessimiste de notre univers matériel et de notre condition humaine que se trouvent et se comprennent les idées de migration des âmes, de réincarnation et d'immortalité de l'âme. Le christianisme, dans ses débuts, n'a pas manqué de subir les fortes influences de la pensée grecque et romaine. Pour ne nommer que quelques exemples des effets délétères de cet amalgame, pensons au manichéisme qui, au IIIe siècle, professait l'existence d'un dualisme radical entre un principe bon, lumineux, spirituel, et un principe mauvais, obscur, matériel. Les cathares ou les Albigeois (les purs), au Moyen Âge, que saint Dominique tentera de convertir, prenaient au sérieux l'antagonisme entre le corps (mauvais) et l'âme (bonne), en se suicidant pour rejoindre Dieu. Mieux connu peut-être, le jansénisme, toujours présent comme tendance dans l'Église, se reconnaît par son approche pessimiste, austère, voyant dans la chair la source du péché et jugeant avec mépris le corps considéré comme mauvais.

Pour le croyant que je suis, je dois avouer que je tire mon inspiration spirituelle et religieuse de la Bible. Je trouve les bases de ma foi davantage dans la tradition judéo-chrétienne que dans les philosophies humaines (que je me plais quand même à étudier). La foi, à mon avis, consiste non pas à articuler des preuves et des systèmes de pensée (le Dieu des philosophes), mais à accueillir des témoins et une révélation (le Dieu de Jésus Christ). Pour la tradition judéo-chrétienne, la personne est une, elle ne connaît pas de divisions. Le dualisme platonicien n'est pas dans la mentalité juive. C'est toute la personne qui est bonne. L'homme charnel, pour la Bible, c'est l'homme faible, laissé à lui-même ; l'homme spirituel, celui qui est habité par la force de l'esprit, de la présence de Dieu en lui. Le corps, le monde matériel sont temples de Dieu. Avec la venue de Jésus Christ, avec l'incarnation du Verbe de Dieu, le corps trouve son éminente dignité, la chair s'avère bonne conductrice du divin. Nous pouvons rencontrer Dieu en toutes choses, car Dieu, en Jésus Christ, est entré dans notre monde et n'en est jamais sorti, et il se donne à reconnaître et à rencontrer partout et toujours. Dans le credo chrétien, on ne parle pas de l'immortalité de l'âme, mais de la résurrection de la chair.

Dans la tradition chrétienne, la vision de la personne humaine dépasse le dualisme platonicien ou cartésien pour se déployer en trois dimensions : le corps (la dimension somatique), l'âme (la dimension psychique) et l'esprit (la dimension pneumatique, proprement spirituelle). Cette conception ternaire a le grand avantage de mettre en évidence l'aspect historique, progressif et dialectique de l'être humain. Elle tient compte de la présence en l'homme de l'Esprit qui s'unit à son esprit. Pour le croyant, le souffle de vie qui anime toute sa personne provient non pas de son âme, de son psychisme, mais du souffle de Dieu lui-même qui préside à toute naissance et qui habite en lui comme en tout vivant. En proclamant, au début de sa vie publique : « L'Esprit du Seigneur est sur moi » (Lc 4, 18), Jésus donnait par là la définition du chrétien.

Par notre corps et par nos sens, nous sommes présents au monde physique, extérieur ; par notre âme et conscience, par notre intelligence et notre volonté, nous sommes présents à nous-mêmes, à notre monde intérieur ; par l'Esprit, nous sommes présents au monde proprement spirituel, à l'au-delà intérieur, à Dieu. Ainsi donc, l'âme humaine occupe dans l'homme une place médiane entre corps et esprit et, comme une sorte d'interface intelligente, se trouve à la jonction de deux mondes qu'elle a comme mission de faire se rencontrer et de conjuguer sur la terre comme au ciel.

Thérèse d'Avila partage avec saint Paul cette façon de voir. Pour elle, le corps désigne l'homme terreux, l'âme représente la face tournée vers nous, et l'esprit, la face tournée vers Dieu. Pascal offre, en d'autres mots, le même aperçu quand il parle des « trois ordres » : l'ordre des corps, l'ordre des esprits et l'ordre de la charité. Il illustre ces trois ordres par trois personnages représentatifs : Alexandre le conquérant, Archimède l'inventeur et Jésus le saint. Søren

Kierkegaard a développé, lui aussi, un portrait dynamique de la personne humaine comportant trois stades: le stade esthétique, le stade éthique et le stade religieux. Le stade esthétique désigne le stade du plaisir (le senti), de l'immédiateté, de l'extériorité, de la périphérie; Don Juan, Faust et Néron se situent à cette étape. Le stade éthique concerne, pour sa part, le sérieux, la durée, l'histoire, l'intériorité manifeste, la responsabilité; Diogène est le représentant de cette étape. Quant au stade religieux, il se rapporte à l'éternité, à l'intériorité profonde, à la foi; Jésus est celui qui illustre le mieux cette étape. Selon Kierkegaard, c'est par l'ironie que la personne évoluera du stade esthétique au stade éthique, et par l'humour qu'elle passera du stade éthique au stade religieux.

Ces réflexions sur l'âme amènent à mieux connaître la personne humaine. L'âme apparaît comme le carrefour intérieur où se condense ce qui fait l'originalité et la dignité de la personne humaine. Sous le concept d'âme se regroupent la conscience, la pensée, l'intelligence, l'affectivité profonde, l'amour. C'est en l'âme que, à partir des images de nos perceptions sensibles, s'élaborent nos idées et nos concepts, se développent nos réflexions et nos raisonnements, se forment nos décisions libres et se prennent nos engagements. L'âme humaine, comme le montre la liberté, puise son dynamisme dans son ouverture à un au-delà d'elle-même, dont témoigne son insatisfaction native, tant du point de vue de la connaissance que de celui de l'amour. Les questions qui ne cessent de solliciter le travail de l'intelligence et qui sont à la base de la recherche scientifique, tout comme les désirs qui sont les questions du cœur et qui ne cessent de tarauder les élans affectifs vers d'impossibles rencontres, donnent raison à saint Augustin quand il décrit et résume ainsi la trajectoire du devenir humain : *Ab exterioribus ad interiora, ab interioribus ad superiora*, « passer de l'extérieur à l'intérieur, et de l'intérieur au supérieur ».

Comment, pour terminer, ne pas reconnaître, avec beaucoup de gratitude, la nécessaire présence des « docteurs de l'âme » que sont les psychologues et les psychiatres ? Comme les médecins qui soignent les corps, il leur appartient de guérir les maladies de la psyché et de maintenir les âmes en santé.

Jean-Guy Saint-Arnaud

Saint-Augustin, juillet 2012

L'âme est un bel objet de réflexion et de discours légitime, et naturel pour la théologie et la philosophie. Cependant, on peut à juste titre se demander ce que la science peut bien avoir à dire sur l'âme. Avec ses microscopes, ses appareils de résonance magnétique et ses équations mathématiques, la science peut-elle étudier l'âme ? La réponse est non, bien sûr. Est-ce à dire que la science n'a rien à dire sur l'âme ? Pas tout à fait. Je précise que ce que je dis sur l'âme s'applique tout autant à ce qu'on appelle la conscience et l'esprit, bien que ces trois mots ne soient pas tout à fait synonymes.

Le problème que pose l'âme pour la science découle de leur nature contraire : l'âme est indéniablement immatérielle alors que la science est fondamentalement matérialiste. En effet, la science ne peut étudier que la matière et des manifestations de la matière comme l'énergie, les forces telles la gravité ou des propriétés émergentes. Pour la science, il n'existe donc rien en dehors de la nature. La science est foncièrement naturaliste, convaincue que, dans le monde, il n'y a rien de surnaturel et que toutes les explications de la nature se trouvent dans la nature. Cependant, son matérialisme est seulement méthodologique et non pas ontologique ou métaphysique. En effet, la science n'affirme pas pouvoir démontrer que le surnaturel n'existe pas, mais elle s'interdit d'inclure du surnaturel dans ses explications.

Il ne fait aucun doute que l'âme est immatérielle, mais est-elle pour autant surnaturelle ? Si elle l'était, la science n'aurait plus rien à dire à son sujet. Toutefois, le seul fait d'être immatérielle ne rend pas l'âme inaccessible à la science. Celle-ci peut très bien étudier des phénomènes immatériels pour autant qu'ils découlent de la matière. Par exemple, pensons à l'énergie nucléaire ou à l'énergie électromagnétique manifestée par deux aimants qui s'attirent ou se repoussent à distance. Ils ne se touchent pas et il n'y a aucune matière qui circule entre les deux, et pourtant « quelque chose » se passe entre ces deux objets matériels. Ce « quelque chose » est une force, une énergie immatérielle, mais néanmoins réelle et naturelle qui n'a rien de magique ou de surnaturel. Ce « quelque chose » mystérieux n'est justement pas une chose ; c'est une énergie ou une force tout à fait naturelle, une manifestation de la matière. Sans matière, pas d'énergie.

Un deuxième exemple nous transporte de la physique à la biologie ; il nous rapproche donc de nous et de notre âme. Il s'agit de la vie elle-même. Ce qu'on appelle la vie n'est pas non plus un objet matériel ; la vie elle-même est immatérielle. La plante ou l'animal sont bel et bien matériels et vivants, mais ne contiennent pas de vie. Un castor, par exemple, n'est pas un contenant dans lequel aurait été versée la vie et, quand il meurt, il n'en sortira pas un fluide qu'on appelle la vie et qu'on pourrait analyser en laboratoire.

Le castor existe, mais la vie n'existe pas dans le même sens du verbe *exister*. La vie est donc immatérielle, mais elle n'est ni magique, ni miraculeuse, ni mystique, ni surnaturelle ; elle est seulement émergente. Un exemple très concret de la réalité de l'émergence est le sens d'un mot. Par exemple, le sens des mots ROTULE et LOUTRE n'est pas contenu dans les lettres qui constituent ces mots. En effet, les deux sont faits des mêmes lettres dont émergent pourtant deux sens très différents. De même, la vie est une propriété émergente de la matière. La matière qui constitue un castor, un érable ou un humain n'est pas différente de la matière qui constitue le sable, l'eau ou les étoiles. La matière n'est jamais vivante. Les atomes de carbone, de calcium ou de fer, qui constituent mon corps ou celui d'un castor, ne sont pas vivants, ils sont tout à fait identiques aux atomes qui constituent le diamant, le sel ou le marteau. Cependant, de cette matière ordinaire organisée en forme de castor émerge une qualité supplémentaire qu'on appelle la vie. La vie est donc une manifestation de la matière, un état particulier de la matière ordinaire. Chez un organisme vivant ou dans un mot, le tout est plus grand que la somme de ses parties. Le tout égale la somme de ses parties, plus une propriété émergente : la vie ou le sens.

L'énergie et la vie sont donc deux réalités immatérielles, mais dont les manifestations sont tout à fait accessibles à la science. Il n'y a rien là de surnaturel. Il n'y a donc dans un organisme vivant rien de magique, de mystique ou de transcendant comme un élan vital, une force ou un souffle de vie, une énergie cosmique ou une entité mystérieuse comme une âme qui l'animerait de l'intérieur. Le caractère le plus frappant d'un organisme vivant est tout de même justement d'être ou de sembler être animé. C'est vrai d'une plante qui se développe spontanément, sans aide extérieure à partir d'une graine et qui, à son tour, produit des fruits et des graines comme si elle était dotée d'une intelligence et animée d'une intention ou d'un projet. Cela est bien sûr encore plus évident dans le cas des animaux et de leurs comportements : quoi de plus animé qu'un oiseau qui vole et qui chante ?

La biologie moléculaire et la biologie évolutive du XXe siècle nous ont enseigné qu'il n'y a rien là de magique ou de surnaturel. Ce n'est même plus mystérieux aujourd'hui, puisqu'on comprend maintenant ce qui anime un être vivant. L'organisme vivant est effectivement animé de l'intérieur, mais ce qui l'anime n'est rien de plus que le programme génétique contenu dans toutes ses cellules et hérité de ses parents. Ce programme est constitué de toutes les instructions nécessaires pour construire et faire fonctionner le corps de l'animal. L'instruction principale de ce programme consiste justement à motiver et à permettre à l'animal de faire des enfants à son tour pour transmettre le même programme à la génération suivante. Ce programme est porté par la molécule d'ADN qui est tout à fait matérielle, alors que le programme lui-même est immatériel ; l'information qu'il contient est émergente tout comme le sens d'un mot. Dans les deux cas, le sens qui émerge n'est pas contenu dans les lettres, que ce soit celles de la langue ou de l'ADN, mais découle seulement de l'ordre dans lequel elles sont alignées.

Avec cette notion selon laquelle un être vivant est animé, on est tout près de la notion d'âme. En effet, le mot « âme » provient du mot latin *anima,* d'où découlent *animé* et *animal*. Aristote, en bon naturaliste qu'il était il y a 2400 ans, reconnaissait trois sortes d'âme :

1. L'âme végétale est possédée par tous les êtres vivants, les animaux tout autant que les plantes, et est consacrée uniquement à l'alimentation et à la croissance.
2. L'âme animale est présente seulement chez les animaux et chez l'homme, et est responsable de la locomotion et des comportements.
3. L'âme rationnelle (ou l'intellect) est, selon Aristote, en fait l'esprit divin auquel seuls les

humains participent plus ou moins bien et en proportion de leur sagesse.

Vous devinez que, pour la science en général et particulièrement pour la biologie moderne, il n'est pas du tout nécessaire d'invoquer l'idée d'une telle âme, qu'elle soit végétale, animale ou rationnelle, pour expliquer qu'un organisme vivant soit animé. Il est animé par le génome hérité de ses parents et cette vie qui l'anime n'est qu'un mot désignant une propriété, un état, une manifestation émergente de la matière ordinaire, organisée d'une façon spéciale.

Vous voyez donc que cette notion de propriété émergente est indispensable pour comprendre ce qu'est l'énergie, la vie ou l'âme, ou même la poésie. En effet, la poésie est écrite avec les mêmes lettres et les mêmes mots ordinaires que la prose d'une liste d'épicerie. La poésie n'est donc pas contenue dans les lettres ou dans les mots, mais elle émerge de l'ensemble du texte et de l'interaction entre le texte et nos sensations ou nos émotions de lecteurs. La poésie émerge de mots et de lettres ordinaires. Il en est de même pour la vie et pour l'âme qui émergent d'atomes et de molécules ordinaires. On pourrait dire que la vie est la poésie de la matière, et l'âme, un poème de notre cerveau.

On peut adopter deux positions extrêmes et simples au sujet de l'âme en relation avec la science. D'abord, un réductionnisme excessif qui appartient davantage au scientisme qu'à la science. Ici, l'âme ne serait qu'un ensemble d'atomes de carbone, du carbone qui pense. Le réductionniste extrême croit à tort pouvoir trouver l'âme dans le cerveau humain en analysant les neurones, les neurotransmetteurs et l'activité électrique du cerveau.

La deuxième position extrême et diamétralement opposée à la première est un holisme excessif qui appartient au post-modernisme. Ici, on affirme que la neurophysiologie ou la biologie évolutive ou même la science en général n'a rien à dire sur l'âme, puisque l'âme échappe au matérialisme de la science qui serait trop borné pour avoir accès à de telles réalités spirituelles présumées supérieures ou d'un autre ordre. Bref, on passe d'un extrême où on ne voit que des atomes de carbone à l'autre extrême où l'âme est comme un ange surnaturel dans la machine.

Concevoir l'âme comme rien de plus que de la physique et de la chimie du cerveau ou au contraire comme une réalité surnaturelle et éternelle serait comme considérer qu'une peinture de Michel-Ange n'est rien de plus que des taches de pigments colorés sur une toile ou, au contraire, l'expression d'une inspiration divine. Ou encore affirmer qu'une sonate de Mozart n'est rien de plus que des vibrations sonores de diverses fréquences ou, au contraire, qu'elle serait la voix des anges.

Comme c'est souvent le cas, que ce soit dans la vie de tous les jours, dans le domaine de l'art ou en science, la vérité se situe très probablement quelque part entre ces deux extrêmes simplistes et, pour naviguer sur ce terrain mitoyen, notre meilleur guide est le concept de propriété émergente.

Selon la science en général et la biologie en particulier, l'âme n'est donc qu'une propriété émergente ou une manifestation du cerveau humain, vivant et en santé. Mais l'âme n'est pas un fluide contenu dans le cerveau ; aucun des neurones de mon cerveau ne contient de l'âme. Si je fais bouillir mon cerveau, je recueillerai beaucoup d'eau, beaucoup de gras et un peu de sels minéraux. C'est la recette d'une poutine. Mais les mêmes atomes d'oxygène, d'hydrogène, de carbone, d'azote, etc., arrangés sous forme d'un cerveau humain, sécrètent une propriété supplémentaire et bizarre qu'on appelle la conscience ou l'âme. Elle est immatérielle et émergente, mais pas du tout surnaturelle.

Tout comme sa **vie** disparaît quand les atomes d'un animal se désorganisent et qu'il « redevient poussière », le **sens** des mots disparaît quand, à la fin d'une partie de scrabble, on verse les lettres pêle-mêle sur la table, de même **l'âme** n'est plus dès que le cerveau meurt.

Donc, sans matière, pas d'énergie et sans cerveau, pas d'âme. L'âme n'existe pas ailleurs et elle n'existe ni avant ni après l'existence d'un cerveau humain normal et conscient. Mon âme existe, mais seulement pendant le très court éclair que représente ma vie dans l'histoire de l'univers. De plus, cette existence de mon âme est seulement intérieure, intime, personnelle, subjective, prisonnière de mon crâne. C'est plus une sensation qu'une existence. J'ai donc volontairement fait une erreur dans la première phrase de ma lettre où je disais : « L'âme est un objet de réflexion et de discours pour la théologie et la philosophie. » En fait, l'âme n'a rien d'un objet et elle ne pèse pas 21 grammes, comme le croyait le médecin américain Duncan MacDougall en 1907. L'âme n'est qu'un **mot** qui désigne une **idée** qu'on a inventée pour représenter une **sensation** : la sensation d'être habité par une existence, par une conscience, par un « **je** » qui parle dans ma tête à la première personne du singulier. Quant à l'idée d'une âme immortelle, selon moi, ce n'est rien de plus que la forme que prennent notre désir et notre espoir vains de ne pas mourir.

Cyrille Barrette

Réplique – Qu'est-ce que l'âme ?

J'ai lu avec beaucoup d'intérêt, Cyrille, votre cinquième lettre. Elle m'a donné une idée relativement claire de votre situation comme savant naturaliste sur ce que l'on a coutume d'appeler l'*âme*. Votre texte m'a permis de mieux comprendre votre univers de pensée (pour ne pas dire votre conscience et votre âme !). J'ai trouvé éclairantes et délicieuses les images et les comparaisons que vous utilisez pour illustrer votre pensée, celles de l'électromagnétisme et de l'énergie nucléaire, celle du castor, celles des mots et du scrabble.

Vous m'avez confirmé dans ma conviction selon laquelle la science physico-mathématique est essentiellement athée, puisqu'elle ne porte que sur la matière, sur ce qui peut être exploré et mesuré selon ses coordonnées spatio-temporelles. C'est dire que le surnaturel, le spirituel, le mystérieux, le miraculeux (le magique ?), n'est pas son domaine.

Vous précisez que « son matérialisme est seulement méthodologique et non pas ontologique ou métaphysique. En effet, la science n'affirme pas pouvoir démontrer que le surnaturel n'existe pas, mais elle s'interdit d'inclure du surnaturel dans ses explications. » Cette précision est lumineuse pour moi. C'est ainsi que vous concevez l'âme ou la conscience comme émergeant et découlant tout simplement (sans référence au surnaturel) de la matière, de sa programmation génétique, de son ADN. Vous avez alors cette étrange conclusion, pour moi : « L'âme n'est qu'un **mot,** écrivez-vous, qui désigne une **idée** qu'on a inventée pour représenter une **sensation** : la sensation d'être habité par une existence, par une conscience, par un "**je**" qui parle dans ma tête à la première personne du singulier. Quant à l'idée d'une âme immortelle, selon moi, ce n'est rien de plus que la forme que prennent notre désir et notre espoir vains de ne pas mourir. »

Étant donné que votre méthode (parfaitement légitime et grandement efficace) ne porte que sur la matière, je comprends que ses conclusions soient aveugles sur toutes les questions du surnaturel. Quand vous dites que « l'âme n'est qu'un mot, qu'une idée, une sensation… que l'âme immortelle n'est rien de plus que la forme que prennent notre désir et notre espoir vains de ne pas mourir », je dois lire ces affirmations à travers les filtres de votre méthode scientifique et me dire qu'elles sont cohérentes de votre point de vue et avec vos lunettes. Les « ne que » et les « rien de plus que » font partie de votre postulat méthodologique, sans plus. Il ne faut jamais oublier ce postulat quand on lit vos lettres : alors, on se trouve à l'aise pour vous suivre dans vos réflexions. Je ne crois pas que vous vouliez absolutiser la méthode scientifique et affirmer qu'il n'y a qu'elle de valable ou d'intelligente.

Ce serait, je pense, une erreur « scientifique » de faire d'une méthode, si féconde soit-elle, un système unique et universel. « J'appelle poisson ce que prend mon filet » : tout dépend du filet, qui peut par ailleurs prendre aussi autre chose que des poissons. Il faut donc vérifier ses filets et ses filtres. À chaque objet sa méthode, disait Aristote ! Elle est délicieuse, cette caricature : « Pour celui qui n'a comme moyen qu'un marteau, toute la réalité prend la forme d'un clou. » Telles sont les réflexions que me suggère votre lettre.

Jean-Guy Saint-Arnaud

Réplique – Qu'est-ce que l'âme ?

Je comprends, Jean-Guy, que ma définition de la liberté, telle que vous la citez dans votre quatrième réplique, semble paradoxale, mais c'est peut-être seulement parce que je n'ai pas été cité correctement. En effet, je n'ai pas écrit : « Pour être libre, il faut peut-être ne pas l'être… C'est l'absence de liberté qui éclaire et définit la nature de la liberté. » J'ai plutôt écrit : « Pour être libre, il faut peut-être *pouvoir* ne pas l'être… C'est l'absence de liberté *chez toutes les autres espèces* qui éclaire et définit la nature de *notre* liberté. » Il me semble que la citation complète comporte les nuances nécessaires pour donner tout son sens à ma conception de la liberté humaine.

Dans ma lettre sur la liberté, je ne pense pas avoir « évoqué le pire » ; comme toujours, j'ai plutôt tenté d'évoquer le vrai. Je ne vois pas de contradiction dans le fait de considérer d'une part que, pour nous comme pour tous les organismes vivants, la mort soit parfaitement naturelle (c'est une évidence) et que, d'autre part, « elle nous répugne tant » malgré tout. On pourrait en dire tout autant de la gravité chaque fois que l'on tombe ou que l'on grimpe. C'est naturel, mais ça nous répugne. J'espère ne pas avoir donné l'impression « d'honorer » ou d'encourager le suicide comme geste ultime de liberté. Je me contente de constater la réalité ; je n'ai jamais écrit qu'il s'agissait de « la perfection de l'acte libre». Il est davantage question ici d'usage peut-être abusif de la liberté que de perfection.

Dans le dernier paragraphe de votre réplique, vous témoignez de votre «confiance fondamentale dans la vie» et de votre «parti pris pour la vie». J'en suis tout à fait et peut-être davantage même qu'un croyant, puisqu'après tout, pour le non-croyant, il n'y a rien d'autre que cette vraie vie avant la mort. Pas surprenant qu'on y tienne autant.

J'en viens maintenant à votre lettre sur l'âme. Si j'étais croyant, j'aurais aimé l'avoir écrite. J'y devine l'aisance et l'assurance de quelqu'un qui est chez soi. Naturellement, je ne suis pas d'accord avec tout. Ainsi, vous écrivez: «Enlevez l'âme, le corps perd sa forme, se dégrade et meurt.» J'ai écrit exactement le contraire dans ma lettre sur l'âme. L'âme émerge de notre corps vivant, mais ce n'est pas elle qui lui donne vie. On voit ici un point de divergence absolu de nos deux conceptions de l'âme.

N'est-il pas triste et tragique que, pour le croyant, «l'ensemble du monde matériel [soit] une immense prison pour l'être humain»? En tout cas, si c'est une prison, le naturaliste scientifique a le don d'y trouver avec bonheur une source intarissable de richesses et de beauté fabuleuses. Je ne pense pas que l'on trouve de l'âme et de la vie dans les astres et les atomes, comme le croyait Teilhard de Chardin. On y trouve du mouvement, du dynamisme, comme dans un orage, une cascade ou une flamme, mais rien qui puisse ressembler à une âme ou de la vie, à moins de trahir le sens de ces mots par une analogie trompeuse.

Une petite question théologique pour terminer. Vous écrivez: «Dans le credo chrétien, on ne parle pas de l'immortalité de l'âme, mais de la résurrection de la chair.» Qu'arrive-t-il alors à l'âme si elle n'est pas immortelle et ne ressuscite pas?

Cyrille Barrette

6

L'altruisme est-il possible ?

Pierrefonds, juillet 2012

Voilà, Cyrille, une belle question à débattre entre connaisseurs et savants. Selon la vision de la personne humaine que chacun possède, on pourra répondre oui ou non, essayer de concilier un sain narcissisme avec une réelle ouverture aux autres. Est-ce possible et encore souhaitable de porter son attention sur l'autre jusqu'à l'oubli de soi ? Y a-t-il contradiction ou complémentarité entre l'égotisme et l'altruisme ? Pourquoi tout simplement s'occuper des autres ? Qu'est-ce qui pourrait justifier un tel souci ?

Sûrement les sciences ont quelque chose à dire sur toutes ces interrogations. Je suis curieux de connaître ce que les biologistes, les sociologues et les philosophes peuvent penser des rapports altruistes entre les humains. J'ai hâte de recevoir, comme toujours, votre prochaine lettre là-dessus.

Vous ne serez pas surpris de savoir que ma position sur le problème de l'altruisme s'inspire de ma vision de foi. Comme croyant, mon regard sur la personne humaine est singulièrement large, pour ainsi dire surdimensionné, compte tenu des étonnants enseignements du Christ. Je réponds à l'énigme de l'altruisme par le paradoxe du « qui perd gagne ». Ce paradoxe chrétien entraîne des exigences et des comportements extrêmes (comme il existe aujourd'hui des sports extrêmes).

Du point de vue chrétien, notre vie est essentiellement faite pour être donnée. Elle se nourrit du don qu'elle fait d'elle-même. Il n'y a rien de plus vivant qu'une mère qui met un enfant au monde, qui donne la vie. Elle ne perd rien de sa vie, mais manifeste sa vitalité dans sa créativité, en donnant à un être nouveau de participer à sa propre vie. Phénomène de participation analogue à ce qui se passe dans l'enseignement. C'est presque devenu un proverbe: la meilleure façon d'apprendre, c'est d'enseigner. On étouffe la vie à la garder pour soi, à thésauriser. Elle est faite pour se propager et porter du fruit.

Dans cette perspective, tout ce qui n'est pas donné est perdu et celui-là est mort qui n'est plus capable de partage et de créativité. Ce que nous ne sommes pas capables de donner, en vérité, nous ne le possédons pas, nous en sommes possédés. Comme il est dit dans *Le festin de Babette*, nous n'apportons au ciel que ce que nous avons donné. Il ne s'agit pas de donner seulement le superflu qui, de toute façon, appartient aux autres – c'est du vol, pense Gandhi –, mais de donner le nécessaire, et finalement de nous donner nous-mêmes totalement.

Le merveilleux poète Rabindranath Tagore a fort bien traduit cette pensée dans ce texte intitulé «Le mendiant et le Roi»:

> J'étais allé, mendiant de porte en porte, sur le chemin du village lorsque ton chariot d'or apparut au loin pareil à un rêve splendide et j'admirais quel était ce Roi de tous les rois !
> Mes espoirs s'exaltèrent et je pensais : c'en est fini des mauvais jours, et déjà je me tenais prêt dans l'attente d'aumônes spontanées et de richesses éparpillées partout dans la poussière.
> Le chariot s'arrêta là où je me tenais. Ton regard tomba sur moi et tu descendis avec un sourire. Je sentais que la chance de ma vie était enfin venue. Soudain, alors, tu tendis ta main droite et dis : « Qu'as-tu à me donner ? »
> Ah ! quel jeu royal était-ce là de tendre la main au mendiant pour mendier ! J'étais confus et demeurai perplexe ; enfin, de ma besace, je tirai lentement un tout petit grain de blé et te le donnai.
> Mais combien fut grande ma surprise lorsque, à la fin du jour, vidant à terre mon sac, je trouvai un tout petit grain d'or parmi le tas de pauvres grains. Je pleurai amèrement alors et pensai : « Que n'ai-je eu le cœur de te donner mon tout ! »

« Donner mon tout ! » Voilà bien l'exigence extrême, ultime, vers laquelle toute la vie humaine converge. Les grandes étapes de notre devenir orientent vers cette éventualité qui coïncide, paradoxalement, avec la pleine réalisation de soi. Qui perd gagne ! Qui perd sa vie la sauve. Nous n'avons pas assez de toute une vie pour réaliser cette splendide odyssée. Les deux grandes crises prévues par la nature, celle de l'adolescence et celle de la maturité, marquent les deux étapes obligées pour le voyage vers le don total de soi. L'enjeu de la crise d'adolescence consiste en la découverte de l'autonomie, en la prise en main de sa vie. La crise de maturité vise le détachement radical de soi pour livrer sa vie. Maîtrise de soi pour la remise de soi. Cet itinéraire implique, bien sûr, comme préalables, plusieurs dispositions favorables : une confiance de base en l'avenir, le goût de partir et de risquer le voyage, l'attention aux signes et aux appels qui fournissent à la vie son sens et son orientation. Ces préalables veulent conjurer à la fois les peurs inhibitrices qui empêchent de se mettre en route, et la recherche maladive de sécurité qui replie sur soi et génère cupidité et suffisance orgueilleuse.

L'ouverture aux autres et le don de vie ont un nom : l'amour. Pour les Hébreux, l'amour (*hesed*) n'est pas une affaire de sentiment ni de parole, mais une action : donner la vie. Le meilleur de la spiritualité chrétienne se trouve là. Le cœur des enseignements et du message du Christ, le témoignage ultime de son existence, tient dans cette phrase : « Aimez-vous les uns les autres, comme je vous ai aimés. » (Jn 15, 12)

Pas besoin d'avoir vécu longtemps pour saisir tout l'aspect révolutionnaire de cette invitation pressante. Le Christ nous a aimés du plus grand amour en donnant sa vie pour nous. « Il n'y a pas de plus grand amour que de donner sa vie pour ses amis.» (Jn 15, 13) Jésus nous a aimés à la manière de Dieu. «Comme le Père m'a aimé, ainsi je vous ai aimés.» (Jn 15, 9) C'est donc dire que nous sommes appelés à nous aimer les uns les autres comme Dieu lui-même. Ouf! Quand on y pense, la barre est haute! Dieu a tant aimé le monde, en nous donnant son fils pour nous révéler l'inouïe richesse et nouveauté de son amour! Dieu ne nous aime pas, à notre manière, parce que nous sommes bons, beaux, aimables. Il faut renverser les perspectives. C'est parce qu'il nous aime que nous sommes bons, beaux, dignes d'amour. Son amour est toujours premier, créateur, totalement gratuit, inconditionnel, inébranlable, universel, incarné en Jésus. À l'opposé de nos amours humaines grevées de possessivité, d'intérêt propre, d'hédonisme, de jalousie et d'exclusion.

L'amour prôné par le Christ n'exclut personne, à commencer par soi-même. Il nous invite à nous aimer nous-mêmes gratuitement, inconditionnellement, d'une manière créatrice. Comment aimer les autres ainsi si nous ne nous aimons pas nous-mêmes? Et aimer tous les autres, le prochain comme le lointain. Qu'est-ce à dire? Selon l'enseignement et la pratique de Jésus, le prochain est celui de qui je m'approche, et non simplement celui qui se trouve physiquement près de moi. Je ne suis jamais plus proche de Dieu que lorsque je m'approche de quelqu'un. Et l'amour extrême, le summum du don créateur, gratuit et universel, se trouve dans l'amour des ennemis, dans le pardon. Aimer qui ne nous aime pas, qui nous veut du mal, qui nous répugne spontanément, n'est-ce pas là une vraie folie, une réelle impossibilité ? L'altruisme pour le chrétien va jusque-là.

D'aucuns pourront penser que ce type d'altruisme est impossible, illusoire, qu'il s'agit d'un beau rêve que la réalité concrète de notre monde et des relations entre les humains ne cesse de contredire. Il faut l'avouer, l'amour des ennemis, si nous sommes laissés à nous-mêmes, nous est impossible. Il s'agit là d'une activité proprement divine que nous demeurons incapables de réaliser sans la complicité de l'Esprit qui habite en nos cœurs, sans que l'amour de Dieu présent en nous transfigure et fasse éclater notre manière d'aimer. Pour Kierkegaard, la foi consiste en la lutte folle pour la possibilité. Pas un instant, pense-t-il, je ne me permettrai l'audace de m'imaginer que si je ne vois aucune issue, c'est donc qu'il n'y en a pas non plus pour Dieu. Nous serions mal venus de croire que parce qu'une situation nous est impossible, elle l'est également pour Dieu. Dieu est le maître de l'impossible, aimait répéter Charles de Foucauld.

S'il existe encore des miracles dans notre monde, c'est bien chez les guérisseurs d'humanité, chez les grands réconciliateurs des personnes et des peuples, qu'ils se trouvent. Ceux qui pardonnent attestent par la qualité de leur amour que rien n'est impossible, rien n'est trop merveilleux pour Dieu. Ils actualisent, en vérité, comme par transparence, l'amour que Dieu nous porte indéfectiblement.

Plus encore que cet altruisme éclaté, extrême, que propose le christianisme pour l'homme d'aujourd'hui, ce qu'il y a de plus merveilleux à considérer, c'est bien davantage l'inconcevable altruisme de Dieu lui-même, cet amour pour nous que Platon disait impensable et proprement impossible, mais qui pourtant inspire follement nos amours humaines.

Jean-Guy Saint-Arnaud

Saint-Augustin, juillet 2012

Si on pose la question malgré le fait que, de toute évidence, les gestes altruistes existent, cela sous-entend peut-être qu'il y aurait au moins deux sortes d'altruisme : un altruisme véritable, désintéressé, tel qu'il est défini par les dictionnaires (« propension à s'occuper avec désintéressement d'autrui », *Littré*) et un faux altruisme, intéressé, un altruisme de façade.

La biologie s'intéresse grandement à l'altruisme. Le sujet préoccupait Darwin, puisqu'il comprenait mal comment un comportement coûteux pour son auteur pourrait être favorisé par la sélection naturelle si c'est un autre individu qui en retire les bénéfices.

Le geste altruiste par excellence est sans doute le sacrifice d'une mère pour assurer la survie et l'élevage de ses petits. Ce comportement nous paraît tellement naturel, évident, qu'il ne semble nécessiter aucune explication ; ça ne pourrait pas être autrement, la question ne se pose même pas. Puis, quand on a osé la poser malgré tout, on a fourni deux explications qui semblaient elles aussi évidentes : la mère se sacrifie pour ses petits par instinct maternel et pour assurer la survie de son espèce. On croyait alors avoir expliqué la cause et la fonction de ce comportement naturel et admirable.

Cette façon de concevoir les soins maternels a prévalu sans la moindre remise en question jusque dans les années 1960. À cette époque, alors qu'on tentait de marier la pensée darwinienne qui parle des individus et de leurs comportements observables, avec la pensée génétique moderne, on a commencé à percevoir le vide de ces explications. En effet, affirmer que la cause d'un comportement est la possession d'un « instinct » équivaut à dire que la cause est inconnue ; ce n'était qu'un mot pour masquer notre ignorance. De plus, comme on le verra plus loin, invoquer la survie de l'espèce n'explique en rien la fonction d'un comportement. Deux grands évolutionnistes américains, W. D. Hamilton, en 1963, et G. C. Williams, en 1966, ont démasqué ces fausses explications et les ont remplacées par une explication aussi simple que géniale, dont la validité scientifique a depuis été maintes fois démontrée.

Cette explication de l'altruisme en général a inspiré le titre du livre à succès de Richard Dawkins, paru en 1976 : *Le gène égoïste*. Cette expression n'est qu'une métaphore bien sûr, puisque les gènes, qui ne sont qu'une molécule d'ADN, sont incapables d'égoïsme au sens humain du terme. La métaphore décrit tout de même fidèlement la réalité. Tout se passe comme si la mère était manipulée par ses gènes. Elle est porteuse de programmes génétiques qui lui dictent les comportements qui assurent leur propre survie, c'est-à-dire leur transmission dans la génération suivante. Voilà l'explication génétique de ce qu'on appelait «l'instinct». La mère est donc physiquement (on dit phénotypiquement) altruiste, puisque ses comportements maternels lui coûtent cher au point de nuire à sa santé et de mettre parfois sa survie en péril au profit de celle de ses petits; mais, en fait, elle est génétiquement égoïste, puisque la survie de ses petits n'est qu'un moyen pour assurer une meilleure représentation dans la génération suivante des copies de ses propres gènes portés par ses petits.

Ce faisant, l'espèce en bénéficie bien sûr, mais ce n'est qu'une conséquence secondaire accidentelle de la reproduction des individus. De même, aucun étudiant ne s'inscrit à l'université A pour assurer la survie de l'université A, mais parce qu'il s'inscrit à l'université A plutôt qu'à l'université B, il favorise la survie et la prospérité de A accidentellement, sans la moindre intention. De même, dans le monde vivant, un individu ne fait jamais rien pour le bien de son espèce; tout ce qu'il fait, c'est pour son bien et celui de ses gènes. La survie de l'espèce n'est qu'une conséquence secondaire découlant des comportements égoïstes des individus de cette espèce. Invoquer le bien de l'espèce n'explique donc rien du comportement des individus.

La réponse à la question: «Pourquoi la mère se sacrifie-t-elle pour ses petits?» est la même que pour toutes les questions «pourquoi» de ce genre. Elle le fait parce que ce comportement ainsi que le programme génétique correspondant hérité de ses parents ont contribué à *leur* succès reproducteur. Depuis les années 1960, en 50 ans de recherche, on n'a jamais observé un seul cas d'altruisme qui contredirait cette explication. Autrement dit, tous les cas d'altruisme observés dans la nature, des fourmis aux éléphants, sont du faux altruisme : de l'égoïsme génétique caché derrière de l'altruisme phénotypique.

Le critère comptable de la sélection naturelle est aussi simple qu'implacable : un caractère anatomique, physiologique, comportemental ou social est préservé par sélection naturelle seulement si les bénéfices qu'il procure excèdent les coûts qu'il nécessite. Et dans tous les cas, la monnaie pour évaluer ces coûts et ces bénéfices est le succès reproducteur de la vie entière des individus. Dans le cas des comportements individuels (chercher de la nourriture, fuir les prédateurs, etc.), l'équation est très simple, puisque c'est l'individu lui-même qui assume les coûts et recueille les bénéfices de ses comportements. Dans le cas des comportements sociaux, incluant les comportements altruistes, la même règle s'applique, sauf qu'au moins deux individus sont impliqués : celui qui fait le comportement en paie les coûts immédiats alors que l'autre partenaire reçoit les bénéfices. Pour évaluer les bénéfices retirés par l'auteur du comportement, il faut donc tenir compte non seulement du bénéfice qu'en retire le récepteur, mais tout autant du degré de parenté (r) entre les deux protagonistes. C'est ce qu'on appelle la sélection parentale par rapport à la sélection individuelle de Darwin. Entre une mère et son petit, r = 1/2 : il porte la moitié des gènes de sa mère. Entre deux frères ou sœurs, c'est aussi 1/2. Entre des demi-frères, r = 1/4, entre cousins, r = 1/8, etc.

La mère qui prend soin de ses petits favorise donc par le fait même ses propres gènes. De même, le mâle babouin dominant qui fait face, au péril de sa vie, au léopard qui menace sa troupe, protège en fait son patrimoine génétique porté par sa progéniture et il assure la survie de sa troupe, mais seulement parce que sa propre survie en dépend. Sous des apparences d'altruisme spectaculaire, il est donc égoïste. Que ce soit une fourmi, un babouin ou un humain, tout cela se fait à l'insu de l'altruiste. Il ne fait que répondre au programme qu'il porte. L'humain se croit altruiste et est un meilleur altruiste justement parce qu'il se croit altruiste. Les gènes prennent toutes sortes de moyens pour assurer leur transmission dans la génération suivante, y compris l'altruisme de leur porteur. C'est plus subtil que l'égoïsme individuel flagrant, mais le résultat est le même : le succès de la transmission des gènes.

Ces considérations de sociobiologie scientifique sont indispensables pour comprendre notre altruisme, même si elles n'expliquent pas toutes les subtilités de nos relations sociales. De plus, elles soulèvent la question sous-entendue dans la question en titre : « L'altruisme véritable existe-t-il chez l'humain ? » On vient de voir qu'il n'existe chez aucune autre espèce – même les soins maternels ne sont pas désintéressés –, alors à plus forte raison tous les autres comportements en apparence altruistes. Le dicton populaire : « Charité bien ordonnée commence par soi-même » semble suggérer que chez nous aussi l'égoïsme règne, même quand il se cache subtilement sous des apparences altruistes. Le dicton semble de plus excuser l'égoïsme. La règle de conduite proposée par le dicton n'est donc pas une invention humaine, mais l'expression culturelle d'une loi de la nature, une loi de la sélection naturelle.

Charité bien ordonnée commence par soi-même, mais où se termine-t-elle ? Dans le monde animal, elle s'arrête souvent à soi-même. Ainsi chez la plupart des espèces de mammifères, le mâle ne s'occupe même pas de ses propres jeunes, qu'il ne connaît d'ailleurs pas du tout. Dans tous les cas d'altruisme chez les autres espèces, on observe que le zèle altruiste décroît à mesure que le degré de parenté diminue ; on s'occupe davantage de ses enfants que de ses cousins ; cela nous semble évident et naturel, justement parce que c'est la loi de la sélection naturelle qui s'exprime avec force à notre insu.

L'altruisme est toujours à l'avantage des copies des gènes de l'altruiste, portées par ceux qu'il aide (petits, sœurs, frères, cousins, etc.).

Aussi, même pour les soins maternels, on est altruiste seulement quand on le peut ; c'est un luxe qu'on ne peut se permettre que lorsque notre propre survie est assurée. Il faut être riche et à l'aise pour étendre le cercle de l'altruisme ou de la charité au-delà de sa propre survie au quotidien, jusqu'à celle de sa famille, de sa tribu, et éventuellement, chez l'humain, à la survie de toute la biosphère. Dans tous les cas, c'est finalement notre propre survie que l'on favorise, puisqu'à plus ou moins long terme, elle dépend de celle de la famille, de la tribu, de la biosphère. Dans tous les cas, c'est un altruisme intéressé, ni pur ni gratuit.

L'adoption (qu'on n'observe presque jamais chez d'autres espèces), la charité, la philanthropie anonyme, le bénévolat, l'aide aux pays lointains, etc., est-ce de l'altruisme véritable et pur ? S'il est vrai qu'on retire plus de plaisir à donner qu'à recevoir, alors donner est plus égoïste que recevoir. Mère Teresa était-elle purement altruiste ? Si sa générosité évidente et inspirante lui permettait d'être plus heureuse, de mieux dormir et d'espérer une meilleure place au paradis, ses gestes remarquables étaient-ils désintéressés ou de l'égoïsme subtilement déguisé et vécu en toute bonne foi ? La question en appelle une autre : « Pourquoi est-ce important de distinguer le vrai du faux altruisme ? » Après tout, pour le bénéficiaire, cela ne fait aucune différence ; de toute façon, le bien est fait et bien fait. Revenons au *Littré*. Il dit qu'en philosophie, l'altruisme est une « doctrine qui place le dévouement à autrui comme valeur suprême ». Cet idéal de pureté désintéressée n'est peut-être qu'une utopie de perfection imaginaire qui peut motiver à plus d'altruisme, mais qui, tout compte fait, ne fait aucune différence pour le bien qui est fait en réalité. Le saint mériterait-il moins sa sainteté si sa générosité et sa bonté n'étaient pas parfaitement désintéressées, mais motivées par un égoïsme discret et pratiqué à son insu ? Peut-on citer ou même imaginer des cas de pur altruisme ? Pourquoi valoriser l'altruisme pur ? Et s'il n'existait pas, quelle serait la perte pour l'humanité ? Ne serait-ce que la perte d'une illusion ?

Cyrille Barrette

Réplique – L'altruisme est-il possible ?

Votre sixième lettre, Cyrille, m'a vraiment émerveillé et réjoui le cœur. Elle a déployé sous mes yeux, avec beaucoup de clarté et de nuances, le large panorama de la pensée sur l'altruisme et sur le dilemme qu'il pose en regard de l'égoïsme. J'admire le travail des biologistes qui ont débattu de cette question et ont proposé diverses pistes de solution singulièrement fécondes.

Par rapport à ma lettre sur le même sujet, j'ai l'impression que vous avez pris, en quelque sorte, la question horizontalement, à partir de la sélection naturelle, alors que je me suis situé plutôt verticalement pour présenter mes réflexions, c'est-à-dire en me référant à ma foi chrétienne et aux enseignements du Christ sur l'amour du prochain et des ennemis.

Je pense qu'il serait profitable dans notre discussion de remplacer « égoïsme » par « égotisme ». Ce dernier mot (emprunté à l'anglais) m'apparaît plus neutre, alors que le terme « égoïsme » possède une connotation plutôt morale et péjorative.

L'invitation du Christ à aimer son prochain comme soi-même, à l'instar du proverbe que vous évoquez sur la charité bien ordonnée qui commence par soi-même, n'est pas un appel à l'égoïsme, bien au contraire. Combien de personnes n'arrivent pas à s'ouvrir aux autres dans l'amour, parce qu'elles ne s'accueillent pas et ne s'aiment pas véritablement elles-mêmes ! Leurs relations aux autres se trouvent, pour une bonne part, perturbées par ce rejet d'elles-mêmes. Elles ne possèdent pas cette authentique modestie que Newman appelle l'égotisme. « *Egotism is true modesty.* » Au lieu d'opposer altruisme et égoïsme, ne serait-il pas plus fructueux de conjuguer altruisme et égotisme, qui s'appellent l'un l'autre ? « Comment pourrais-je être tout à toi, je ne suis pas tout à moi ? » disait le fou à sa dulcinée. La croissance humaine est marquée par deux grandes crises, à l'adolescence et à la maturité, qui ont respectivement comme enjeu la maîtrise de soi (l'autonomie et la liberté) et la remise de soi (le détachement de soi et le don de sa vie).

Vous avez bien marqué l'ambigüité de l'altruisme véritable et pur, et constaté, pratiquement, son impossibilité. Cette constatation rejoint aussi mes réflexions sur le sujet. Il me paraît évident que, laissés à nous-mêmes, nous sommes incapables d'amour pur ou d'altruisme véritable. Pour le chrétien, l'amour des ennemis, pour parler de l'altruisme extrême, est nettement inopérant sans le concours de l'Esprit de Dieu en lui. Vous l'avez noté : toutes sortes d'interférences rendent suspectes les manifestations d'altruisme et de charité : toutes nos amours humaines, qui se veulent pourtant fidèles et authentiques, peuvent être gâtées par les illusions, les intérêts personnels, la vanité, la recherche secrète des honneurs, etc.

Pauvre Mère Teresa dont on questionne l'authenticité de son altruisme! Quel masochisme il y aurait chez cette femme, quand on considère ses engagements concrets auprès des mourants de Calcutta, s'il n'y avait là qu'un égoïsme subtilement déguisé!

Comment ne pas penser ici à la critique impitoyable que Jésus a faite du pharisaïsme de son temps et qui lui a valu, pour une bonne part, la mort qu'il a connue.

Jean-Guy Saint-Arnaud

Réplique – L'altruisme est-il possible ?

Merci, Jean-Guy, pour votre cinquième réplique fort stimulante. Affirmer de la science qu'elle est athée mérite d'être nuancé. En termes philosophiques, elle semble en effet athée, littéralement sans Dieu. Sur Dieu, son seul discours légitime est le silence. Dans ce sens, elle est donc plutôt agnostique, c'est-à-dire sans objet et sans connaissance. En termes sociologiques, la science n'est pas athée, mais plutôt laïque : elle reconnaît et respecte la démarcation, la séparation entre la foi et la raison, entre religion et science. Enfin, en termes méthodologiques, elle est effectivement athée : elle s'interdit d'invoquer Dieu dans ses explications et heureusement, sinon elle n'expliquerait rien.

Un bel exemple actuel d'une science qui ne serait pas athée est le créationnisme. Or, en dehors des créationnistes, tout le monde, y compris les cours de justice américaines qui ont examiné la question, admet sans la moindre hésitation que le créationnisme n'est absolument pas de la science. Inclure Dieu dans nos explications disqualifie la science dès la ligne de départ sur le chemin de la vérité.

Vous avez raison, le domaine de la science exclut catégoriquement le surnaturel, le miraculeux et le magique, mais vous avez tort de croire qu'il exclut aussi le mystérieux. La science se nourrit du mystère ; elle plonge à deux mains dans le coffre aux trésors des mystères du monde. Sa mission première est justement d'expliquer les mystères du monde.

Dire de la science qu'elle est « aveugle au surnaturel » suggère que le surnaturel existe, c'est-à-dire qu'il y a là quelque chose à voir. Au croyant de le démontrer et de démontrer qu'il a la capacité d'y voir quelque chose.

J'aime beaucoup la caricature du marteau. Célébrons le marteau de la science. On peut se féliciter et se réjouir qu'il ait découvert une vaste diversité de clous fabuleux, de l'atome aux galaxies, des maladies mentales à l'évolution, de l'ADN aux océans. Et remercions la science de continuer à chercher d'autres clous à enfoncer pour le plus grand bien de la construction de l'humanité. Mais alors, quels sont les clous du marteau de la foi ? Sont-ils aussi diversifiés, inspirants et utiles que ceux de la science ?

J'aime beaucoup votre lettre sur l'altruisme, entre autres parce qu'elle est totalement différente de la mienne. Cela démontre avec force que foi et raison, religion et science, sont catégoriquement deux discours parallèles. Ils contribuent tous deux à la richesse du discours humain, mais à la condition de ne pas les diluer et les dénaturer en tentant de les mélanger. J'ai particulièrement apprécié vos commentaires sur l'enseignement, le « paradoxe chrétien » et l'amour. Pour moi, le « Aimez-vous les uns les autres » de la Bible dit tout ce qui compte vraiment.

Trois questions théologiques inspirées de votre lettre pour terminer. Jésus a-t-il vraiment « donné sa vie » pour nous, puisqu'il l'a retrouvée deux jours plus tard ? Dieu nous a-t-il vraiment « donné son fils » ou ne nous l'a-t-il pas plutôt prêté pour trente-trois ans, une durée minuscule en regard de l'éternité ? Peut-on vraiment qualifier « d'altruisme » l'amour de Dieu pour nous, puisqu'il ne lui coûte vraisemblablement qu'une quantité infime de ses richesses infinies ? Il ne faut voir aucune intention impertinente dans ces questions. Ce sont des questions d'enfant. Je les pose en toute bonne foi, à la recherche du langage pour dire les mystères chrétiens, sans trahir le sens des mots.

Cyrille Barrette

7

Faut-il distinguer croire et savoir ?

Pierrefonds, juillet 2012

Une correspondance, Cyrille, comporte toujours le risque, de part et d'autre, d'être mal comprise, mal citée. Il faut, bien sûr, éviter le plus possible ces méprises. Elles tiennent souvent au langage qui sert de véhicule à la communication et qui, dans notre cas, porte toutes les ambigüités de son usage respectif en science ou en religion. La question que nous abordons ici fournit une excellente illustration de ces ambigüités, pour ainsi dire inévitables : *Faut-il distinguer croire et savoir ?* Il est assurément nécessaire de bien distinguer les deux termes, en comprenant ce qu'ils veulent signifier.

J'avoue, au départ, que je suis perplexe, alors que je m'apprête à mettre par écrit comment je vais m'y prendre pour répondre à la question. J'ai en mémoire des affirmations à l'emporte-pièce qui, comme croyant, risqueraient de me décourager de parler. Je pense à Christopher Hitchens, dans son livre *dieu n'est pas grand,* qui déclare impossible la réconciliation entre la foi et la science. Je pense à André Comte-Sponville, dans son livre *L'Esprit de l'athéisme,* qui écrit : « Qu'est-ce que le fanatisme ? C'est prendre sa foi pour un savoir. » Ou encore, à cette remarque de votre part, Cyrille, dans votre troisième réplique, à propos de la résurrection : « Étrange qu'on éteigne volontairement sa propre raison pour croire l'incroyable indémontrable. » Vous précisez qu'il ne vous semble pas qu'il s'agisse là d'une croyance « irrationnelle » ou déraisonnable, mais simplement a-rationnelle, « c'est-à-dire sans possibilité d'appui de la raison ». Que puis-je dire après cela, qui soit raisonnable, en parlant de la foi ?

Le savoir et le croire s'opposent-ils irrémédiablement et faut-il choisir entre la foi et la science ? Ce dilemme, toujours présent chez beaucoup d'adultes croyants et incroyants, s'éclaire et se dissipe quand nous arrivons à saisir que la foi et la science représentent deux approches différentes de la réalité, avec leur langage et leur méthode propres, approches qui n'ont pas raison de s'opposer, mais devraient se compléter, s'harmoniser. Tout réduire à la science ou à la foi est proprement désastreux : les « rien d'autre que » du fidéisme, comme ceux du scepticisme ou du rationalisme, déforment et défigurent la réalité en l'enfermant dans l'étroitesse des préjugés et des partis pris.

Il importe de bien reconnaître qu'il existe plusieurs univers de pensée, tous aussi légitimes les uns que les autres. Je me suis déjà exprimé là-dessus. Le poète ne pense pas, ne fonctionne pas, ne s'exprime pas comme le mathématicien. Et c'est très bien. Chaque personne a son genre littéraire et sa façon de parler. Le savant n'a pas le monopole de l'intelligence : les gens ordinaires peuvent fort bien avoir raison sans être capables de rendre raison. Pensez au cultivateur dans son champ qui affirme qu'il fera beau demain : il peut souvent donner un pronostic plus juste que ne le ferait le météorologiste chevronné devant son ordinateur. Il faut avoir écouté une conférence d'un psychiatre pour saisir combien son discours est différent de celui du commentateur sportif le plus compétent. Même à l'intérieur de la religion, nous pouvons retrouver une pluralité d'approches, de méthodes et de langages, selon que nous avons affaire à un théologien, à un spirituel, à un historien ou à un simple croyant. En parlant de la même réalité, les points de vue sont différents, des points de vue légitimes qui n'ont pas à s'opposer ou à s'exclure, mais qui marquent la richesse pluriforme de ce dont ils traitent.

La science de la nature, la physique proprement dite, dans la mesure où elle n'a pas Dieu pour objet, peut être considérée comme athée. Elle cherche, avec une méthode rigoureuse, à base de mathématiques et de mesures, à comprendre le fonctionnement de l'univers matériel. Il y a lieu de s'émerveiller de ses découvertes et de ses retombées technologiques : étonnantes photographies prises par le télescope Hubble d'une pouponnière d'étoiles dans la constellation d'Orion ou explorations vertigineuses dans l'univers de l'infiniment petit de la microbiologie ! Nous pouvons être fiers de vivre dans notre siècle aussi fécond où vivent 90 % de tous les savants qui ont jamais existé. Les sciences humaines ont, elles aussi, leurs objets propres et leurs méthodes particulières : on leur doit également des découvertes merveilleuses. Mais là n'est pas le problème.

Quand nous considérons les rapports entre la foi et la science, une difficulté majeure – peut-être *la* grande difficulté – se situe, à mon avis, sur le plan de la méthode ; elle est d'ordre méthodologique. Et personne n'échappe à cette difficulté : elle guette tout le monde. Elle pourrait s'exprimer comme ceci : quand nous sommes habitués à une façon de fonctionner, il nous est très difficile de changer notre mode de procéder et d'adopter une autre manière de faire. Par définition, l'habitude résiste au changement, à tel point que ce qui ne nous est pas familier nous choque et nous apparaît spontanément, mais à tort, bien sûr, comme faux et inacceptable. Et nous devons faire un grand effort pour nous arracher à nos accoutumances et pour arriver à penser autrement. Il y a là davantage, je pense, un problème d'imagination que d'intelligence.

En regard de la religion et de la foi, bien des savants n'arrivent pas à croire précisément parce que, trop habitués à la méthode scientifique, ils attendent de la religion ou de la foi des preuves qu'elles ne peuvent pas donner (c'est ce qu'on appelle le rationalisme), ou bien ils sont incapables d'accepter celles qu'elles peuvent fournir (c'est ce qu'on appelle le scepticisme). Question de clés et de serrures ! Dans ces deux cas, le savoir scientifique prétend abusivement se présenter comme le seul chemin de vérité et déclasser tous les autres modes de connaissance.

Il existe, à mon avis, trois façons toutes valables d'arriver au savoir et à la vérité : premièrement, *par l'évidence* que nous fournissent les sens ou l'expérience immédiate (je regarde par la fenêtre et je constate qu'il fait beau). Deuxièmement, *par les raisonnements* quand l'évidence sensible ne nous est pas donnée immédiatement ou s'avère trompeuse (Copernic et Galilée, aux termes de leurs recherches, arrivent à la conclusion que la Terre tourne autour du Soleil et non l'inverse, malgré ce que nos yeux perçoivent). Il faut comprendre ici que la méthode scientifique, physico-mathématique, se doit de laisser place à d'autres méthodes, selon que la recherche déborde le domaine purement matériel, comme dans les sciences dites humaines, l'histoire, la psychologie, la sociologie, la morale et la religion. Il faudrait aussi considérer la manière familière de raisonner chez les gens simples. Ils ne procèdent pas par des syllogismes démonstratifs, mais par convergences de probabilités et par des analogies qui mobilisent singulièrement leur intelligence pratique et leur intuition. Tout un monde à explorer ! Enfin, troisièmement, nous pouvons arriver au savoir et à la vérité *par la foi,* quand la réalité ne nous parvient ni par l'évidence ni par des raisonnements. Les gens ordinaires acquièrent la plupart de leurs savoirs et de leurs certitudes en faisant confiance aux savants ou aux personnes qui font autorité, chacune dans leur secteur de compétence (médecins, garagistes, comptables, professeurs, etc.). Quand mon père me dit qu'il a vu passer un voilier d'oies blanches, je le crois, j'accueille l'information qu'il m'a transmise, je sais qu'il est passé, à tel endroit, un voilier d'oies blanches. À la cour de justice, c'est sur la foi de témoignages et d'indices convergents qu'on pourra condamner une personne à la réclusion perpétuelle.

La foi (croire) est une manière intelligente, raisonnable d'avoir accès ainsi au savoir, d'obtenir des connaissances, une manière différente mais tout aussi légitime rationnellement que ne l'est la méthode proprement scientifique. Je sais que l'Angleterre est une île, que la Terre tourne autour du Soleil, que l'eau est constituée de H_2O, etc. C'est le savoir que les institutions d'enseignement transmettent à toutes les générations et que les étudiants accueillent, en prêtant foi aux dires des professeurs. Les savants eux-mêmes procèdent ainsi, non seulement dans leur vie ordinaire, mais aussi dans leurs recherches scientifiques quand ils s'appuient, à grand renfort de références, sur les découvertes des savants qui les ont précédés, sans nécessairement refaire tous leurs calculs: ils leur font confiance. C'est ainsi que l'on se réfère à Darwin, Einstein ou Hoyle... et il est intelligent de procéder ainsi.

À moins d'identifier et de réserver le savoir à la seule connaissance obtenue par la méthode physico-mathématique, rigoureuse, expérimentale (ce qui serait, à mon avis, un usage abusif du terme!), la foi, pour les personnes qui ne sont pas «scientifiques», demeure une voie pleinement raisonnable d'acquérir des connaissances, de profiter du savoir que la communauté scientifique se fait un devoir de leur partager, dans les écoles et les universités.

La foi chrétienne est essentiellement une confiance accordée au témoignage de Jésus Christ transmis par les apôtres et les témoins, au fil des âges jusqu'à nous. Elle a ceci de particulier qu'elle est une confiance faite à une personne faisant autorité dans le domaine, et qu'elle engage entièrement l'affectivité, l'intelligence et l'agir du croyant. Il s'agit d'une démarche permettant d'accéder à des réalités nécessairement mystérieuses, c'est-à-dire que nous ne voyons pas, qui nous dépassent et que nous n'avons jamais fini d'explorer et de découvrir. Loin d'exclure l'intelligence critique, elle l'exige au contraire pour bien vérifier la valeur des témoins et l'authenticité des témoignages, pour démasquer les faux prophètes et les idoles, approfondir et expliciter le contenu des révélations, et pour ainsi éviter les illusions et les dérives.

Comme en amour, la foi chrétienne ne commence pas par des raisonnements ni par des preuves, mais par le désir, par une saisie affective, par une expérience amoureuse. Les preuves ne viennent qu'après, s'il en faut. Elle est de l'ordre de l'initiation et tend vers la rencontre d'une personne vivante, le Christ ressuscité. Risquée et engageante, elle ne répond guère qu'aux suppliants et non aux juges.

Jean-Guy Saint-Arnaud

Saint-Augustin, juillet 2012

La question peut sembler bizarre, tant la réponse est évidente. C'est un peu comme demander « L'homme diffère-t-il de la femme ? » ou « Shiva et Yahvé sont-ils le même Dieu ? » Cependant une fois posée, la question crée tout de suite un espace qui appelle une réponse d'une forme appropriée, et plus on tarde à répondre, plus l'espace insiste pour être comblé et moins il pourra se satisfaire d'un simple oui ou non.

Chacune des trois missions de la science (découvrir, expliquer, critiquer) cherche à sa façon à savoir ce qui est vrai, à distinguer le vrai du faux et la réalité de la fiction. Dans tous ces efforts de la science et de la raison, croire ne suffit pas. Les intuitions, les opinions, les convictions, les croyances sont au mieux des déclencheurs pouvant mener à des savoirs, à force de recherches, de mises à l'épreuve, de critiques, de doutes, de vérifications, de soumission à la réalité des faits. Au pire, les convictions et les croyances sont de fausses pistes, voire des pièges qui enferment et aveuglent la pensée, neutralisent l'esprit critique et nous éloignent de la vérité. Pour l'amant de la vérité qu'est le scientifique, rien de plus sournois que le désir de croire, surtout le désir de croire qu'il a raison.

En science, on ne valorise pas le verbe «croire», certains vont même jusqu'à le bannir complètement du discours et de toute l'entreprise scientifique, tant ils s'en méfient, même comme point de départ de la formulation d'une hypothèse ou d'une théorie. C'est peut-être excessif et appauvrissant pour la créativité et l'évolution de la science. À mon avis, le scientifique a le droit de dire «Je crois», mais il doit tout de suite spécifier très clairement ce qu'il croit et fournir ses raisons de croire. Elles se doivent d'être bonnes pour satisfaire le reste de la communauté scientifique (qui ne croit jamais rien sur parole), à commencer par ses rivaux qui se feront un devoir et un plaisir de tenter de le contredire, pour le plus grand bien de la vérité.

Croire sur parole, c'est-à-dire croire la tradition, l'autorité, la révélation, les témoignages, même de la majorité, ou les textes dits sacrés, n'a pratiquement aucune valeur en science. Ce sont presque toujours de mauvaises raisons de croire. En science, le discours doit toujours être validé et confirmé avec force et évidence par la réalité des observations objectives, publiques, contrôlées, répétées, vérifiées, jusqu'à être certains, hors de tout doute raisonnable, que ce discours dit vrai.

De loin, la meilleure bonne raison de croire qu'on dit vrai, c'est la science. Aucun autre discours n'est plus digne de confiance. Il n'est ni parfait ni infaillible, mais il est probablement le plus véridique que l'humain soit capable de prononcer. Le verbe le plus utile pour qui cherche la vérité, particulièrement en science, c'est douter. Ce qu'on appelle la zététique, la philosophie du doute, est l'outil principal de la construction des vérités scientifiques. La solidité des certitudes en science est à la mesure de la quantité de doute qui a servi à les construire. Au «Je pense, donc je suis» de Descartes, j'ajouterais donc: «Je sais parce que j'ai beaucoup douté.» La science valorise donc grandement le verbe «douter», se méfie du verbe «croire» et insiste pour ne pas confondre croire et savoir.

La croyance est une position précaire, au sommet d'une pente abrupte et glissante, qui risque beaucoup plus de mener à la crédulité qu'à la connaissance. La crédulité consiste à croire trop facilement, sans bonne raison, et c'est «le vice le plus favorable au mensonge» (Diderot). La progéniture de la crédulité est aussi vaste que désolante: la superstition, la rumeur, l'illusion, l'erreur, le mensonge, la manipulation, l'exploitation, les mythes, les légendes, les idées reçues, la propagande (religieuse, politique, sociale, économique, etc.). On glisse très facilement de la croyance à la crédulité, dont les victimes sont légion. Le seul frein, c'est l'esprit critique, c'est-à-dire l'exercice intelligent et équilibré de l'art du doute.

La science et le désir de vérité ne peuvent que souffrir de la confusion entre croire et savoir. Je pense que ce sont les religions, toutes fondées sur la croyance, qui désirent et entretiennent cette confusion. C'est ce que fait le croyant qui affirme en toute bonne foi : « Je ne crois pas, je sais que Dieu existe. » C'est ce que fait Jean-Paul II, dans sa stimulante lettre encyclique *Fides et ratio* (1998), sur les rapports entre la foi et la raison et c'est ce que je devine dans votre deuxième lettre, Jean-Guy, quand vous écrivez : « Pour faire la volonté de Dieu, il faut la connaître », ou dans votre troisième réplique : « J'estime que la foi introduit vraiment, par une autre voie, à des savoirs. » Confondre croire et savoir, c'est-à-dire prétendre que la croyance est une forme de savoir et que la connaissance n'est qu'une forme de croyance, permet d'affirmer que la foi est rationnelle, aussi rationnelle que la science ou la philosophie, ce qui par inadvertance, fait de la science une sorte de doctrine fondée sur la croyance. On peut bien sûr comprendre le croyant de vouloir croire que sa foi est rationnelle, mais il ne suffit pas de vouloir et de croire pour que ce soit vrai. Tout comme la science doit s'avouer humblement impuissante à parler scientifiquement de Dieu, de l'au-delà et du surnaturel en général, la foi doit reconnaître et accepter sa nature fondamentalement a-rationnelle et aveugle.

Quand Jésus ressuscité dit à Thomas (que la science pourrait considérer comme le patron des sceptiques) : « C'est parce que tu m'as vu que tu as cru? Heureux sont ceux qui croient sans m'avoir vu!», il confond absolument croire et savoir, tout en affirmant que la véritable foi est aveugle. Or, justement, on ne peut croire que les yeux fermés. En permettant à Thomas de voir qu'il est ressuscité, Jésus le dispense de croire, il l'empêche même de croire, puisqu'il lui permet de savoir. À moins de tordre le cou aux mots et de les déguiser pour en altérer le sens, je ne vois pas comment on peut contredire cela. L'affirmation courante qui dit: «Il faut le voir pour le croire» confond croire et savoir et est donc un non-sens, une incohérence flagrante. En fait, c'est l'inverse qui a du sens et dont on se méfie grandement en science. En effet, on voit plus facilement ce qu'on croit. Celui qui croit que l'horoscope dit vrai ou que la pleine lune altère son humeur ou son caractère risque fort d'être influencé par les deux. Il s'agit de l'effet placebo, lequel justifie les protocoles compliqués à double insu en recherche biomédicale afin de se prémunir contre le désir de croire du chercheur (qui veut croire avoir découvert un nouveau médicament efficace) et le désir de croire du patient (qui veut croire qu'il va guérir). Pour savoir si le médicament fonctionne vraiment, il faut absolument se prémunir contre ces croyances. C'est tout comme ces scientifiques qui croyaient avoir vu des canaux d'irrigation sur la planète Mars (au début du XXe siècle) ou des fossiles de bactéries dans une météorite martienne (en 1996).

Dans les deux cas, ils étaient de bonne foi, mais victimes de leur désir de croire : ils voyaient ce qu'ils croyaient.

Dans l'épisode de Thomas, on fait comme s'il y avait deux façons de croire : en voyant ou sans voir, la seconde étant de loin préférable. Comme si on disait : « Heureux ceux qui croient, malheur à ceux qui veulent savoir. » Pourquoi préférer la foi aveugle ? Parce qu'elle nécessite la liberté ? En effet, la première façon de « croire » ne laisse pas de place à la liberté de ne pas croire face à l'évidence des yeux ; elle empêche même de croire. Au paradis, les élus ne pourraient donc plus croire puisqu'ils sauraient. Tout ce discours est plutôt incohérent, justement parce qu'il fait du savoir une croyance.

Depuis Galilée et Descartes, au XVIIe siècle, la science s'est affranchie de la théologie, c'est-à-dire que la science distingue clairement depuis lors savoir et croire. La foi et la religion, de même que la raison et la science, ont tout à gagner de ne pas confondre croire et savoir. Tous les croyants ne sont pas des créationnistes comme ceux qui sévissent aux États-Unis par exemple, et plusieurs croyants de diverses religions les dénoncent tout autant que les scientifiques le font. Cependant, tous les penseurs qui ont à cœur la promotion de la vérité, de la lucidité, de l'honnêteté intellectuelle, qu'ils soient croyants ou pas, devraient prendre au sérieux la distinction entre croire et savoir, sachant que

« quatre siècles ont été nécessaires pour faire prévaloir la distinction entre croire et savoir, que les nouveaux créationnistes voudraient abolir[3] ». C'est déjà assez difficile dans les meilleures conditions de comprendre le monde, assurons-nous au moins que nos idées soient claires. Pour la vérité, pour la connaissance et la compréhension du monde et de la condition humaine, on a tous tout à perdre à brouiller la distinction entre croire et savoir.

Voici quelques aphorismes pour conclure. Le doute est une assurance-vérité. Pourquoi croire quand on peut savoir ? La double ignorance, c'est ignorer qu'on ignore ; croire que la croyance est un savoir, c'est une double croyance. Foi aveugle est un pléonasme. Je connais le plaisir de savoir ; y a-t-il un plaisir à croire ? Ce qu'on sait a plus de chance d'être vrai que ce qu'on croit. On croit ce qu'on sait ne pas pouvoir savoir. Croire est parfois la salle d'attente du savoir. Croire, c'est accepter de ne pas savoir. Peut-on désirer ne pas savoir ? Confondre croire et savoir, c'est surévaluer croire et dévaluer savoir. Celui qui croit sent-il le besoin ou le désir de savoir ? On ne croit pas par choix ; on croit seulement faute de mieux, faute de savoir.

Cyrille Barrette

3. « Dieu et la science », dans *La Recherche*, Hors-série n° 48, avril 2012, page 16.

Réplique – Faut-il distinguer croire et savoir?

Ouf! Quelle lettre, Cyrille, révélatrice de l'univers de pensée du savant naturaliste que vous êtes. Elle fournirait un document extraordinaire pour nourrir un bon débat et pour figurer dans une anthologie. Le problème des rapports entre croire et savoir est clair pour vous: la foi est aveugle et a-rationnelle. Elle conduit à des dérives et à des aberrations affreuses. Le savoir (entendez les connaissances acquises par la méthode scientifique), voilà ce qui est intelligent, raisonnable. Dois-je vous croire? J'essaie de comprendre. Personnellement, comme croyant, j'ai évidemment un autre point de vue sur la question.

Est-il besoin de préciser que j'ai une grande admiration pour la science et pour les savants et que je suis d'accord avec vous pour regretter, condamner et combattre les folies religieuses engendrées par la foi ou les croyances? Ce sont les pires folies parce qu'elles s'accompagnent souvent d'un indice d'absolu. Vous les énumérez: crédulité, superstition, illusion, erreur, mensonge, manipulation, exploitation, mythes, légendes, idées reçues, propagande. Se pourrait-il cependant qu'il y ait autre chose que cela et que la foi, en regard de la science, ne se réduise pas à ce paysage affreux, méprisable, détestable, indigne de l'être humain?

Il serait sûrement peu scientifique et très prétentieux de soutenir qu'il n'y a que les savants à chercher la vérité! La science n'a pas, que je sache, le monopole de l'intelligence. Je peux saisir qu'à l'intérieur de la méthode scientifique la foi n'ait pas sa place et ne débouche pas précisément sur du savoir, si tant est que ce mot soit réservé exclusivement aux connaissances obtenues par la méthode scientifique. Ce que j'essaie d'exprimer, c'est qu'il n'existe pas qu'une seule façon de parvenir à des connaissances, même si, je vous l'accorde, la manière scientifique est de loin la meilleure. Mais elle laisse de côté tout un secteur de la réalité que sa méthode ne permet pas de rejoindre et qui requiert une autre façon de procéder. À mon avis, la foi n'est certes pas un savoir (au sens technique du terme), mais une voie qui, sans être scientifique, conduit néanmoins à des connaissances valables rationnellement.

Votre commentaire sur le texte évangélique concernant l'apparition de Jésus ressuscité à Thomas ne manquera pas d'en étonner plusieurs. Il exprime on ne peut plus clairement le malentendu déplorable entre la foi et la raison. Vous lisez ce récit à travers votre lunette et vos filtres de savant naturaliste. Quand vous écrivez que Jésus «confond absolument croire et savoir, tout en affirmant que la véritable foi est aveugle» et que vous ajoutez qu'«on ne peut croire que les yeux fermés», il n'est pas sûr que vous ayez bien saisi le véritable enjeu du récit, qui n'est pas celui de fermer les yeux, mais d'emprunter un autre regard qui permettra à Thomas une reconnaissance et une affirmation énorme, lumineuse: «Mon Seigneur et mon Dieu.» Vous concluez catégoriquement: «Tout ce discours est incohérent, justement parce qu'il fait du savoir une croyance.» Est-il encore possible de douter de votre conclusion? C'est à se demander qui est aveugle. La science aurait-elle réinventé un nouveau dogmatisme et un nouvel obscurantisme? «Il y a là de quoi parler beaucoup», comme dirait notre ami Voltaire.

Jean-Guy Saint-Arnaud

Réplique – Faut-il distinguer croire et savoir?

Si ma réponse à la question de l'altruisme est «horizontale», comme vous le dites dans votre sixième réplique, et la vôtre «verticale», est-ce une façon de suggérer que la science est superficielle et la foi est profonde? Ça resterait à définir et à démontrer. Selon tous mes dictionnaires anglais et français, il me semble que «l'égotisme» est une forme particulièrement forte d'égoïsme. Ce n'est donc pas un mot «plus neutre» à opposer à «altruisme». La dernière phrase de votre réplique me laisse perplexe: devrais-je me sentir accusé de «pharisaïsme»? Et si les pharisiens ont une part de responsabilité dans la mort du Christ, ne devrait-on pas les en remercier? Après tout, cette mort était prévue, planifiée, voulue; sans elle, point de résurrection (c'est encore une de ces questions d'enfant qui m'habitent depuis près de 60 ans).

Maintenant, venons-en à votre septième lettre. Le savoir et le croire ne «s'opposent» pas, mais ils se distinguent clairement l'un de l'autre. Foi et science sont sans doute «deux approches différentes», cependant elles s'adressent à deux réalités distinctes: intérieure, intime, subjective pour la foi, extérieure, publique, objective pour la science. Foi et science ne se «complètent» pas: la foi n'améliore pas les explications scientifiques et la science ne consolide pas la foi, mais ne l'ébranle pas non plus.

Votre éloge de la sagesse du cultivateur est légitime, mais attention de ne pas la pousser jusqu'au relativisme, affirmant que tout se vaut. Ce serait ramener la science au rang des superstitions médiévales, la médecine moderne au rang des remèdes de grands-mères, et confondre l'astronomie avec l'astrologie, la chimie avec l'alchimie ou la psychologie avec la phrénologie. Quand vous suggérez comme complément à la science de «penser autrement» ou «d'autres modes de connaissance» ou «d'autres méthodes», j'aimerais bien en connaître des exemples et savoir ce que ces autres méthodes nous ont appris au cours des siècles.

Je suis d'accord, la foi consiste à «faire confiance» (aveuglément), mais elle n'est certainement pas une «voie pleinement raisonnable d'acquérir des connaissances». Ici, vous trahissez absolument le sens du mot «foi». Quand l'étudiant croit ce que je raconte dans un cours, il ne fait pas un acte de foi au sens religieux, usuel du mot. De plus, il peut me demander des preuves concrètes, exigeantes et rationnelles de ce que j'affirme. Quand je crois ce que je lis dans une revue scientifique, je ne manifeste pas de la foi non plus. Croire en Newton et en Darwin, ce n'est pas du tout, j'insiste, pas du tout comme croire en Dieu et en la résurrection. Utiliser le mot «foi» dans tous les cas, même métaphoriquement, déforme le mot au point d'empêcher de tenir un discours cohérent sur le sujet.

Vous dites que « la foi chrétienne » permet « d'accéder à des réalités... mystérieuses... que nous n'avons jamais fini d'explorer et de découvrir ». L'humanité a-t-elle au moins commencé à découvrir ces réalités et si oui, qu'a-t-elle découvert jusqu'à maintenant ? Enfin, j'aimerais comprendre votre dernière phrase parlant d'une « initiation qui ne répond guère qu'aux suppliants et non aux juges ». Ici je me sens, à tort ou à raison, critiqué pour mon incapacité à croire ; la foi n'est-elle pas une grâce, un don ?

Cyrille Barrette

8

Que penser du miracle ?

Pierrefonds, juillet 2012

Je ne puis pas, Cyrille, penser pour tout le monde, je n'ai aucun titre ni aucune prétention pour le faire. Je dirai donc ce que je pense personnellement du miracle, des miracles. Du verbe latin *mirari,* le miracle désigne un phénomène étonnant, surprenant, merveilleux, prodigieux, extraordinaire. Il fait partie d'un groupe de mots qui ont la même origine étymologique : mirifique, mirobolant, admiration.

Il existe aujourd'hui des milliers de miracles, si seulement nous savions les reconnaître. Cette reconnaissance dépend de notre attitude d'ouverture et d'accueil face à la réalité. Ne pas commencer par mettre la vie en procès, mais, avant tout, écouter ce qu'elle attend de nous. Nous laisser d'abord interroger, questionner par elle. Pour qui a conservé ainsi sa capacité d'émerveillement, la vie ordinaire nous réserve des miracles à profusion, qui n'ont pas fini de nous étonner. On a dit que la science commence toujours par un étonnement.

Nous pourrions, chacun, faire l'inventaire de nos émerveillements. Les miracles de la nature ne manquent pas, ce n'est pas le biologiste qui me contredira. Je pense au retour des oies blanches au Cap-Tourmente et à Montmagny, au vol vrombissant de l'oiseau-mouche, au regard perçant de l'aigle pêcheur plongeant sur sa proie. Les miracles de la science doivent tout autant réjouir les savants que nous, les incultes en la matière. Je me rappelle les images époustouflantes que le télescope Hubble nous donne à contempler du fond de l'espace et des temps. J'évoque la découverte récente, aux confins de l'infiniment petit, du boson de Higgs longtemps cherché. Que dire encore des miracles de la technologie : ordinateurs, Internet, GPS, iPod, téléphones intelligents, etc. La médecine n'arrête pas de nous étonner lorsqu'elle trouve de nouveaux moyens de nous soigner et de nous guérir. J'ai déjà dit à mon physiothérapeute qu'il avait fait un miracle quand il m'a soulagé d'un mal de dos chronique. Qui n'a pas vu le film *Miracle en Alabama* (*Miracle Worker*) racontant l'exploit d'une éducatrice qui a réussi à donner plein accès à l'intelligence à Helen Keller, une handicapée, sourde, muette et aveugle ? Et la liste pourrait, bien sûr, se poursuivre.

À l'opposé, bien des phénomènes attirent notre attention et nous étonnent, qui ne sont pas merveilleux. C'est leur caractère inouï, inattendu, exorbitant, terrible, inacceptable, qui nous sidère : les cataclysmes, tsunamis, éruptions volcaniques, tremblements de terre, inondations, guerres, meurtres horribles, fraudes et corruptions, injustices et pauvretés, etc. Ce sont des anti-miracles ! Rien d'admirable là-dedans, bien au contraire.

Il faut ajouter encore les faux miracles que sont les tours de magie, les mystifications de toutes sortes, les manipulations de foule et les tromperies spectaculaires des charlatans. Il s'agit là d'effets d'illusions pour divertir ou pour tirer profit de la crédulité des gens. Ces pseudo-miracles appellent évidemment un réel effort de discernement pour que les gens ne deviennent pas complices et victimes de ces artifices et de ces leurres. Que penser encore des phénomènes paranormaux, de l'hystérie, des manifestations de pathologies religieuses, névrotiques ou psychotiques, des possessions, du satanisme ? Ces phénomènes, souvent impressionnants, relèvent, pour les bien comprendre et les bien gérer, de l'intervention critique de personnes compétentes et expérimentées, au premier chef, de médecins et de psychiatres.

Le terrain ainsi brièvement débroussaillé, je voudrais maintenant parler du miracle proprement religieux qui, en régime chrétien, se veut un témoignage de l'action de Dieu dans notre vie concrète. La Bible est pleine des *mirabilia* de Dieu dans l'Ancien comme dans le Nouveau Testament. On retrouve, dans l'histoire de l'Église jusqu'à nos jours, plusieurs phénomènes miraculeux, qu'il s'agisse des apparitions à Lourdes ou à Fatima, ou des miracles requis pour les procès de béatification et de canonisations. De tout temps encore, se sont manifestés des thaumaturges, des hommes de Dieu possédant le don de faire des miracles, de guérir, de soulager les malades de leurs souffrances, comme ce fut le cas, au pays, du Frère André.

Pour simplifier les choses et pour plus de clarté, je vais m'arrêter aux miracles opérés par le Christ, tout particulièrement en sa résurrection. Tous les autres miracles authentiques, dans la religion judéo-chrétienne, trouvent là leur justification et leur pertinence. Ils sont tous, à mon avis, les anticipations et les retombées radioactives de la résurrection du Christ. C'est à la lumière de celle-ci qu'il faut les décoder et les interpréter.

On aura compris que ces miracles n'ont de sens que pour celui qui a la foi, c'est-à-dire qui reconnaît l'existence de Dieu et la divinité de Jésus Christ. Si le Christ, Verbe de Dieu, est entré dans notre monde et n'en est jamais sorti («Je suis avec vous jusqu'à la fin du monde» [Mt 28, 20]), il est parfaitement cohérent qu'il s'y donne à rencontrer, à l'occasion, avec toute la discrétion que requiert le respect de la liberté humaine. Les miracles, ainsi, ne sont pas des preuves, mais des manifestations du divin à ceux qui sont disposés à les accueillir. Ils supposent et confirment la foi. Il faut croire au Christ «malgré» les miracles, disait François Varillon. «La religion chrétienne, précise Henri Fesquet, est bâtie sur des mystères et non sur des miracles.»

Les miracles de la vie du Christ sont moins des actions d'éclat que des signes. Ils se veulent un langage, des messages, des enseignements. Ce sont des paraboles en acte, accompagnées de paroles ayant pour but de révéler Dieu et celui qui le révèle, son Royaume et ses exigences. C'est le signe, la signification, le signifié qu'il importe de découvrir en évitant de se fixer sur l'aspect exceptionnel. Comme dit le proverbe : « Quand le doigt indique la lune, le chien regarde le doigt ! » Qui ne cherche que le sensationnel, l'extraordinaire, se prive du meilleur.

La difficulté des miracles tient à ce qu'ils semblent contredire les déterminismes, les lois de la nature. Ils apparaissent étrangers à la vie. Ils se présentent pour ainsi dire comme des « espiègleries pour humilier la raison ». « On nous a trop accoutumés, remarque François Partoës, à voir dans les miracles du Christ la manifestation de pouvoirs surhumains. Ils attestent plutôt une étonnante plénitude humaine. » Jésus ne violait pas les lois de la nature, au contraire, il les rétablissait. Il faisait à merveille ce que nous essayons tous de faire, comme médecin, professeur, biologiste, psychologue, ingénieur…, mais sa manière était vraiment unique.

Je me pose la question à propos des miracles qui iraient contre les lois de la nature : qui donc a déterminé et posé ces lois qui limiteraient les possibilités de la vie et rendraient obsolète toute considération d'un au-delà de la nature ? Si c'est la raison, nous sommes en droit de nous interroger sur la pertinence de ces restrictions, alors qu'il paraît que nous utilisons à peine 10 % de notre cerveau. D'aucuns (je pense à Pierre Vadeboncœur) pourraient paradoxalement taxer d'obscurantisme cet héritage du siècle des Lumières qui bloque ainsi les possibles...

Il est étonnant de constater que Jésus n'ait pas fait plus de miracles. Il n'y en a pas dans sa vie cachée. Ses miracles se trouvent liés à sa mission et répondent aux promesses messianiques : ce sont comme des mots de passe, des signes de reconnaissance pour l'accréditer comme libérateur. Tous les miracles de Jésus expriment la bonté. Ils sont en faveur de toutes les personnes et cherchent à rejoindre radicalement et intégralement toute la personne. À travers les troubles organiques ou psychologiques qu'ils guérissent, ils visent ce qui profondément possède et enchaîne l'homme. On ne découvre en eux aucun miracle punitif ni aucune recherche personnelle. Ils se démarquent nettement des prodiges de magiciens par leur sobriété, leur désintéressement et leur totale discrétion.

Le caractère symbolique apparaît clairement dans toutes les actions miraculeuses de Jésus. S'il guérit le paralytique, c'est pour montrer qu'il peut remettre les péchés. La multiplication des pains veut introduire à l'Eucharistie. La résurrection de Lazare anticipe celle de Jésus lui-même. Il faut insister, les miracles ne sont pas de simples prodiges, de pures manifestations de puissance, mais essentiellement des signes, des leçons de choses, par lesquels Dieu met à la portée de tous le message de notre libération. Ce sont des Évangiles, des Bonnes Nouvelles.

Jésus est le grand miracle, il est le signe par excellence. Image du Dieu invisible, par tout son agir et ses enseignements, mais surtout par sa résurrection, il a rendu manifeste pour nous la vie en plénitude à laquelle nous sommes destinés et qui déjà nous rejoint dans notre quotidien. J'ai le privilège d'accompagner spirituellement des personnes. C'est mon métier, le plus beau des métiers, qui me donne d'être témoin de la résurrection à l'œuvre, du miracle permanent de l'action du ressuscité, de son Esprit, chez des hommes et des femmes bouleversés, dynamisés, transformés, rendus transparents de la présence du Vivant. Combien de fois, j'aurais voulu me mettre à genoux et adorer celui qui se manifeste par transparence dans ces vies, sur ces visages transfigurés par l'intensité de la présence qui les traversait ! La résurrection au quotidien : pour moi, c'est certainement là le miracle le plus éclatant et aussi le plus facilement constatable. Nous sommes renvoyés à notre liberté que le Seigneur respecte totalement. Je goûte de plus en plus la pensée de Pascal à ce sujet : il y a assez de lumière pour que ce soit intelligent et assez d'obscurité pour que ce soit libre.

Jean-Guy Saint-Arnaud

Saint-Augustin, juillet 2012

Le miracle est un mystère. Pour le situer dans un contexte plus large, je veux donc dire quelques mots sur notre relation au mystère. Le mystère n'est pas une propriété intrinsèque de l'univers. Il émerge de l'interaction de notre cerveau avec le monde. Il est généré par la combinaison de trois paramètres : la **complexité** des phénomènes naturels, des atomes aux galaxies, en passant par le vivant, notre **désir** intense de connaître et de comprendre et surtout les **limites** évidentes de nos capacités de connaître et de comprendre. Nous produisons du mystère parce que nous voulons plus que nous ne pouvons, nous avons le don de poser des questions auxquelles nous ne pouvons pas répondre, créant un nouveau mystère à chaque fois. Les fourmis et les baleines ne connaissent rien de tel. Nous sommes le créateur du mystère et la science est le meilleur moyen, voire le seul, que nous ayons inventé pour expliquer les mystères de notre propre cru. Sans la science, hier comme aujourd'hui, toutes nos réponses face au mystère sont de l'ordre des croyances, des superstitions, des mythes, des légendes, des fictions, issus de l'imaginaire d'un esprit tourmenté par le mystère généré par ses propres questionnements. Toutes ces tentatives n'expliquent rien, mais apaisent nos angoisses, en cachant le mystère sous une illusion d'explication. C'est ainsi que sont nés au cours de l'histoire les innombrables mythes pour expliquer les astres et le tonnerre, les maladies et les saisons, l'enfantement et nos origines, les volcans et même la mort.

Ce que nous appelons les miracles constitue un cas très concret où l'on voit clairement comment notre cerveau gère le mystère, avec ou sans la science. Par définition, un miracle est un événement surprenant parce qu'il semble violer certaines lois de la nature et aller à l'encontre de nos attentes et de notre compréhension. De plus, l'événement est jugé miraculeux parce qu'il est inexpliqué, voire inexplicable. La Bible est riche en miracles anciens et spectaculaires : ouvrir un passage à travers la mer Rouge, stopper la course apparente du soleil, marcher sur l'eau, changer l'eau en vin, ressusciter un mort, etc. De nos jours, les miracles semblent n'être que d'une seule catégorie plus modeste : des guérisons inattendues de maladies mortelles (j'y reviendrai).

Devant un témoignage ou une apparence de miracle, l'attitude première de la science est la même que celle de la plupart des spectateurs devant un tour de magie : un doute initial sur la véracité du fait. Avant de conclure au miracle ou à un pouvoir magique, on se dit qu'il doit y avoir un truc, c'est-à-dire une explication rationnelle et naturelle qui nous échappe. Autrement dit, nous traitons cette observation comme une illusion de magie ou de miracle.

Croire au miracle, c'est ouvrir une brèche dans la frontière entre le surnaturel et le naturel. Les croyants y voient une preuve de l'existence du surnaturel, une forme d'accès à la connaissance du surnaturel. Les scientifiques y voient une forme d'intrusion spiritualiste sur leur terrain. En effet, puisque la guérison est survenue sur le terrain de la nature réelle, concrète, matérielle, la science a le droit et le devoir de protester, de demander des preuves, et selon ses propres critères, puisque la guérison est survenue sur son terrain. Mais est-ce possible de soumettre les miracles aux rigueurs et aux exigences de la science ?

Ici, l'attitude de l'Église catholique est particulièrement éclairante. Devant une affirmation de miracle, l'Église se comporte au départ en bon scientifique. D'abord, elle doute, elle est très sceptique, rejetant la plupart des témoignages pour toutes sortes de bonnes raisons. Elle confie les cas restants à l'examen par un groupe de scientifiques spécialistes qui utilisent la méthode scientifique rigoureuse et sévère, ainsi que ses meilleurs instruments, à la recherche d'une explication scientifique naturelle de la guérison. Jusqu'ici, c'est de la science à son meilleur. Puis, dans les rares cas où on ne trouve aucune explication scientifique naturelle pour la guérison constatée, l'attitude de l'Église catholique change totalement ; elle perd toute valeur scientifique. En effet, au moment crucial où la science joue normalement son rôle le plus noble, le plus exclusif, c'est-à-dire expliquer le phénomène observé, l'Église tourne le dos à la science, elle trahit sa nature fondamentale, comme si elle décidait soudainement de ne plus lui faire confiance, de ne plus la prendre au sérieux. En effet, pour l'Église, il suffit que la guérison soit inexpliquée par la médecine scientifique pour conclure au miracle, pour prouver l'existence du surnaturel et l'intrusion du surnaturel dans notre monde naturel pour opérer la guérison.

Or, pour la science, la conclusion est tout autre. Il s'agit simplement d'une guérison inexpliquée et ce n'est pas la fin de l'histoire ; au contraire, c'est une invitation très forte à chercher une explication naturelle. Pour le scientifique, même si la guérison était pour toujours inexplicable, ce ne serait pas une raison suffisante pour invoquer le surnaturel ; ce serait anti-scientifique de le faire, ce serait une capitulation de la raison. Pour la science, aucune raison n'est suffisante pour conclure au miracle surnaturel. Autrement dit, pour la science, les miracles n'existent pas, il n'existe que des guérisons inexpliquées. La science ne peut pas démontrer l'inexistence des miracles, mais elle s'interdit d'invoquer le miracle, même à dose homéopathique, dans ses explications.

Le croyant, quant à lui, ne devrait pas chercher d'explication scientifique du miracle. En effet, pour lui, le miracle n'a pas besoin d'être expliqué par la science, puisqu'il l'est par sa foi au surnaturel. De plus, si la science trouvait une explication naturelle pour cette guérison, ce ne serait plus un miracle. J'imagine donc que le croyant espère que la science échoue dans sa recherche d'une cause naturelle.

L'approche scientifique de l'Église est donc un simulacre de science pour cette première raison : l'espoir d'un échec. C'est un simulacre pour une deuxième raison. Prenons par exemple le cas récent de la canonisation du frère André. Le magazine *Québec Science* a publié un excellent article sur le sujet en octobre 2010. L'article lui-même est brillant à tous égards, c'est seulement son titre qui cloche : « Canonisé par la science ». C'est, semble-t-il, ce que croit l'Église en fait, puisqu'elle fait appel à la science pour valider ses miracles. Or, la science ne peut pas valider les miracles ; elle ne peut que disqualifier de prétendus miracles en leur trouvant une explication naturelle. Si elle n'en trouve pas, on ne peut rien conclure sur le miracle. En fait, le frère André a été canonisé par l'ignorance. En effet, c'est parce que la science ignore les causes de la guérison que l'Église conclut au miracle. Or, l'absence de preuve (d'une guérison naturelle) n'est jamais une preuve d'absence (d'une guérison naturelle). C'est une logique qui demanderait d'accepter l'absence d'une connaissance comme une sorte de connaissance.

En ignorance de cause, l'Église invoque le miracle surnaturel ; ce faisant, c'est sa foi aveugle qu'elle exprime, et non pas une foi éclairée par la science. Au moment crucial d'interpréter l'absence d'explication naturelle, elle ferme les yeux de la science et de la raison qu'elle avait pourtant gardés ouverts depuis le début de l'enquête. Elle se sent obligée de confirmer ses miracles par la science, la meilleure méthode inventée par l'humain pour chercher la vérité. Mais devant l'échec de la science, elle rejette la science pour imaginer une autre sorte de vérité, celle de la foi. Et elle continue de prétendre que cette conclusion est validée par l'échec de la science comme s'il s'agissait d'une confirmation scientifique de l'existence et de l'intervention du surnaturel dans notre monde naturel.

Demander à la science de valider un miracle est une imposture intellectuelle, commise de bonne foi peut-être, mais imposture tout de même. C'est de la récupération du prestige de la science, mais sans respect pour sa nature et ses exigences. Simplement parce que la science dit : « Je ne sais pas », la religion y voit une justification scientifique pour dire « je crois », voire « je sais ». C'est une conclusion illégitime. C'est une tentative vaine de marier la foi et la raison, la religion et la science, de supporter sa foi par la science. Ce mariage est voué à l'échec ; il ne produit qu'une progéniture illégitime, tordue, infirme et mensongère. L'échec de la science n'est pas une bonne raison de croire. Appeler Dieu à la rescousse pour expliquer ce que la science n'explique pas, c'est en faire un bouche-trou pour combler les lacunes dans nos connaissances. C'est néfaste et insultant pour la science, et tout autant pour la foi. En absence de connaissance, l'attitude de la science est franchement plus admirable : elle admet humblement son ignorance, l'accepte avec courage et se remet au travail avec confiance pour tenter de la combler, pour le plus grand bien des malades futurs.

Un dernier mot sur les miracles. N'est-il pas curieux qu'à notre époque les miracles soient si discrets ? En effet, pourquoi sont-ils toujours cachés dans une zone grise, à la limite de nos capacités de détection ? Pourquoi faut-il de longues enquêtes d'experts pour en établir la véracité ? Pourquoi ne voit-on jamais d'interventions miraculeuses flagrantes, spectaculaires, indubitables, comme un amputé qui retrouverait ses jambes ou un trisomique qui deviendrait normal ? Est-ce pour mettre notre foi à l'épreuve ? Mais alors, n'est-elle pas encore mieux mise à l'épreuve sans aucune manifestation miraculeuse ? Et à l'inverse, notre foi ne serait-elle pas justement mise en péril par un miracle trop flagrant ? En effet, le miracle évident aux yeux des plus sceptiques rendrait inutile la foi, puisqu'il permettrait de savoir que Dieu existe et a écouté nos prières. Les miracles ne servent que les « Thomas », mais les privent de la foi : pourquoi croire quand on peut savoir ?

Quand on pousse la réflexion sur les miracles jusqu'à ses limites, on voit bien que la notion de miracle n'appartient qu'au monde de la foi aveugle. L'analyse rationnelle en montre l'absurdité dans le monde de la raison. Le cas des miracles illustre à merveille l'impossibilité de combiner les deux discours, celui de la raison et celui de la foi, dans un discours cohérent ; ils sont incompatibles, mais pas nécessairement antagonistes. Si on croit aux miracles, il est futile de tenter d'éclairer et de renforcer sa croyance par la science.

Le mystère fascinant ici n'est finalement pas le miracle imaginé, mais plutôt notre esprit qui tente, grâce à la science, de comprendre les mystères qu'il crée et qui lui ouvrent parfois des portes sur la vérité du monde, un monde vrai d'une richesse fabuleuse et inépuisable, même sans magie ni miracle. La réalité dépasse le plus souvent la fiction et possède en plus l'immense qualité d'être vraie ; elle n'attend que notre esprit pour, parfois, nous dévoiler ses charmes et ses mystères.

Cyrille Barrette

Réplique – Que penser du miracle?

Quelle lettre vigoureuse, bien articulée, pour la mise à mort des miracles! Vlan. Il fallait s'y attendre, compte tenu, Cyrille, de votre point de vue de savant naturaliste. Il faut que vous ayez une profonde vénération pour la raison humaine, une confiance inébranlable en elle, pour écrire une telle lettre. Vous avez à coup sûr une grande passion pour l'intelligence. Entre la foi et la raison, la partie est, pour vous, jouée d'avance. Vous l'avouez vous-même: elle est vaine la tentative «de marier foi et raison, religion et science [...]. Le cas des miracles illustre à merveille l'impossibilité de combiner les deux langages, celui de la raison et celui de la foi, dans un discours cohérent; ils sont incompatibles.» Drôle de correspondance que la nôtre, dans ce contexte! Merci d'avoir concédé que nos deux langages ne sont «pas nécessairement antagonistes».

Parfois, je m'interroge et me demande si les prises de position devant ces problèmes de foi et de science ne relèvent pas des tempéraments de chacun. Vous avez clairement une tournure d'esprit scientifique. Existe-t-il des tempéraments religieux? Qu'est-ce qui fait que vous êtes devenu un savant naturaliste, et moi, une sorte d'amateur de la vie spirituelle? Je présume que nous sommes davantage renvoyés à des décisions de base qui nous situent, vous dans le domaine scientifique et moi dans le domaine religieux, et que si nous devons nous rencontrer, ce serait au niveau de ces décisions. Nous avons pris parti pour la vie et nous cherchons tous les deux la vérité, par des chemins différents.

Où avez-vous pris une telle conviction que rien n'existe au-delà de la nature ? Est-ce la méthode scientifique qui vous permet cette affirmation ? Je comprends que la science physico-mathématique n'a pas Dieu pour objet, qu'elle est athée par définition et que votre refus de considérer même la possibilité d'un milieu divin, pour parler comme Teilhard de Chardin, relève d'un empêchement purement méthodologique. Est-ce que je me trompe ?

J'ai la vive impression que votre polarisation sur la méthode scientifique joue comme un absolu qui vous empêche de considérer la rationalité de la foi. Se pourrait-il que vous fassiez d'une méthode particulière un système universel ? Cherchez l'erreur ! Je reviens toujours à ces mêmes questions : est-il possible aux gens ordinaires, sans culture scientifique, d'exercer une rationalité d'un autre type ou doit-on penser qu'en dehors des savants il n'y a que des ignares ? Pour vous, la foi aveugle demeure toujours, me semble-t-il, un pléonasme et la foi éclairée un oxymore. Avec une telle façon de voir, il vous est facile de conclure allègrement que le frère André a été canonisé par « une imposture intellectuelle » et par ignorance.

Il est très frustrant pour moi, et probablement pour vous aussi, Cyrille, que nos répliques doivent se limiter à 500 mots. Il y aurait tant à dire sur les thèmes abordés et sur les questions soulevées ! Je me console en pensant que notre correspondance, dans ses contrastes mêmes, pourra générer beaucoup de réflexions dans un sens ou dans l'autre.

Jean-Guy Saint-Arnaud

Réplique – Que penser du miracle?

J'avais prévu dès le début que nos deux discours ne pourraient pas se marier ni même se fiancer. De lettre en lettre et de réplique en réplique, ma prédiction se confirme. La foi et la raison appartiennent à deux mondes parallèles qui ne peuvent pas vraiment dialoguer. En effet, la foi est inévitablement heurtée par les exigences sévères et pointues de la raison et de la science: «[...] il n'est pas encore absolument démontré que la frileuse âme humaine puisse résister au climat rigoureux de la raison» (Jean Rostand). De son côté, la science ne peut accueillir la moindre suggestion de foi dans sa compréhension du monde. Les maîtres mots comme mystère, connaissance et vérité n'ont même pas le même sens dans les deux discours. Au mieux, la foi et la raison peuvent s'écouter, se respecter et tenter de se comprendre mutuellement. Pour ce faire, chacune doit à tout le moins afficher clairement, honnêtement et jusqu'au bout, ses convictions et la nature de sa pensée et de son discours. J'aime croire que nous avons réussi à faire au moins cela; au lecteur d'en juger.

Votre dernière lettre me fait comprendre mieux que jamais la notion de miracle pour le chrétien. Quand vous déclarez: «... les miracles n'ont de sens que pour celui qui a la foi ... Ils supposent et confirment la foi», à mon avis, tout est dit. C'est exactement ce que je pense des miracles et c'est exactement pour cela qu'ils n'ont aucun sens pour la science et pour la raison. Enfin, j'aimerais comprendre la distinction que vous faites quand vous dites: «Les miracles ne sont pas des preuves, mais des manifestations du divin...» Une nuance m'échappe ici.

Il serait amusant de discuter du mythe selon lequel nous n'utiliserions que 10 % de notre cerveau ou de la fable du chien qui regarde le doigt au lieu de la lune; ailleurs peut-être. Pour le moment, je ne veux que commenter l'usage élastique du mot «miracle» au début de votre lettre. Les exemples de la nature que vous citez (les oies, l'aigle, etc.) sont merveilleux, mais pas du tout miraculeux (Darwin nous a expliqué ces «miracles») ni même mystérieux de nos jours grâce à la biologie moderne.

Enfin, je me dois bien sûr de défendre la science quand on la soupçonne ou l'accuse de dogmatisme et d'obscurantisme (dans vos 7e réplique et 8e lettre). La science n'a rien de dogmatique; elle défend bien sûr des convictions fermes, solides, durables, mais elle est toujours ouverte à les remplacer par des meilleures. C'est comme cela qu'elle évolue; elle n'est jamais figée dans des dogmes incontestables. Elle n'impose jamais ses convictions ou ses théories, elles s'imposent d'elles-mêmes, et seulement jusqu'à preuve du contraire. La science n'est soumise qu'à l'autorité des faits, de la réalité, de la logique, de la raison et de la vérité.

De même, la science n'est pas du tout obscurantiste ; elle est au contraire lumineuse et ouverte. Elle a inventé une nouvelle forme de loyauté, d'engagement, de contrat, de fidélité, d'honnêteté envers la connaissance et face à la vérité, une sorte de « nouvelle alliance ». Le XVIIIe siècle, qui a vu la naissance de cette science moderne et son émancipation de la théologie, mérite fièrement son nom de siècle des Lumières. Il me semble évident que les qualificatifs dogmatique et obscurantiste s'appliquent particulièrement bien aux religions, et pas du tout à la science. « Mais il se pourrait que l'humanité fût dans son ensemble incapable de soutenir la vérité de la science » (Jean Rostand).

Cyrille Barrette

9

Peut-on fonder une morale sans Dieu ?

Pierrefonds, août 2012

La question *Peut-on fonder une morale sans Dieu?,* Cyrille, est peut-être mal posée. Elle laisse entendre que, pour les croyants, la morale humaine serait fondée en Dieu et que, dès lors, ceux qui ne reconnaissent pas l'existence de Dieu seraient privés de morale ou bien n'auraient guère qu'une morale bancale, sans fondations solides. Ces deux sous-entendus sont faux, à mon avis. Dieu n'est pas le fondement de la morale humaine et il est donné à toute personne humaine de posséder en elle-même ce qu'il lui faut pour exercer un agir libre, éclairé et responsable.

Ce que l'on appelle la morale (ou l'éthique) concerne précisément l'agir libre des humains. Je précise tout de suite, comme je l'ai fait dans ma quatrième lettre sur la liberté, que cet agir libre ne se manifeste pleinement chez la personne qu'au terme d'une longue maturation, d'un long devenir de ses potentialités intellectuelles et affectives. Le rôle des parents, des maîtres et du milieu social est indispensable pour mettre au monde, nourrir et éduquer cette liberté. L'art d'éduquer la liberté, de fournir l'environnement favorable à son éclosion chez les jeunes, est d'autant plus précieux qu'il est rare et délicat. À l'opposé de la filiation scientifique où les savants d'aujourd'hui prennent la relève des savants d'hier en profitant de leurs découvertes et en poursuivant leurs recherches, l'enfant en quête de sa liberté devra commencer à zéro et refaire, pour ainsi dire, l'histoire du monde à son propre compte. Si bons que soient ses parents, si compétents que soient ses maîtres, si bienveillant que soit son milieu, sa liberté sera pour lui création absolue qu'aucune autre instance ne pourra remplacer. Elle ne saurait être un don, mais une conquête personnelle.

La morale concerne donc l'action libre de la personne humaine, action qui ne soit pas fruit des déterminismes ni d'un héritage. Il ne s'agit pas seulement de pensées, d'idées, de théories, mais d'actions, de mises en pratique, de réalisations concrètes. Aux rêveurs de s'abstenir ! C'est dire qu'à l'intelligence et à la raison doit s'ajouter l'amour, pour qu'il y ait action. Les idées, en effet, poussent à agir seulement lorsqu'elles sont enveloppées et dynamisées par l'amour. Elles deviennent alors des idées-forces, des *valeurs,* c'est-à-dire des réalités précieuses, qui valent, qui ont du prix et qui engagent.

Les valeurs morales, celles qui concernent l'agir libre de la personne humaine mature, se distinguent des autres valeurs inframorales comme sont les valeurs matérielles, économiques, politiques, culturelles, familiales, artistiques. La différence entre ces deux types de valeurs tient en ceci : la valeur morale, par exemple quand je dis qu'il est mal de voler son prochain, s'accompagne toujours d'un impératif ou d'une exigence qui me commande de ne pas voler, alors que les autres types de valeurs, par exemple quand je dis qu'il pleut (jugement de réalité) ou que tel tableau est beau (jugement de valeur esthétique), ne comportent aucune contrainte ni obligation. Notre conscience morale comporte donc deux éléments constitutifs: (1) le jugement moral proprement dit qui me fait comprendre que ceci est bon ou mauvais et (2) l'obligation morale qui me fait comprendre que je dois conséquemment faire le bien et éviter le mal.

Le jugement moral peut se tromper, varier selon les circonstances, devoir sans cesse se mettre à jour, s'éclairer, pour distinguer non seulement ce qui est bon de ce qui est mal, mais aussi ce qui est vraiment bien de ce qui ne l'est qu'en apparence. C'est là le domaine de la science morale, de l'éthique. L'actualité regorge de situations qui en appellent au jugement moral des personnes et des collectivités. La liste est longue: contraception et avortement, manipulation génétique, euthanasie, mariage entre homosexuels, divorces, corruptions en politique et dans les affaires, hédonisme, civilisation du divertissement et du plaisir, consommation et obésité, problèmes de la pollution et du réchauffement de la planète, partage des richesses et la pauvreté, violences et agressions sexuelles, conflits, guerres, etc. Autant de conjonctures qui appellent le recours à des jugements formés, à des jugements éclairés, pour des décisions inédites et courageuses.

La plus grande originalité de la conscience morale se trouve dans l'impératif qui accompagne toujours le jugement moral, quel qu'il soit, qu'il soit juste ou erroné. Il s'agit là d'une donnée irréductible et constitutive de l'expérience morale. Le jugement moral peut varier, je puis me tromper en évaluant que telle réalité est mauvaise ou bonne, mais l'obligation, elle, est invariable ; elle se fait toujours sentir à ma conscience et demande que je lui obéisse, sous peine de m'avilir et de me déshonorer. C'est dans ce contexte qu'il faut reconnaître et affirmer la primauté de la conscience morale sur toutes les lois, même divines. L'obéissance aux lois, pour être humaine, doit toujours être médiatisée par le jugement de la conscience. Pour la conscience adulte, la loi, même divine, demande à être comprise, intériorisée, assumée dans la liberté. En ce sens, seule une personne libre peut s'obliger face à une loi juste qui alors n'exerce pour elle ni contrainte ni asservissement, mais, au contraire, fournit de précieux repères pour ses jugements et ses décisions libres.

L'affirmation de la suprématie de la conscience pose le problème de l'objection de conscience. On connaît, dans notre histoire récente et actuelle, plusieurs exemples de résistance devant des lois injustes ou des abus de pouvoir, politiques ou religieux, qui nient aux personnes la liberté de pensée, d'expression et d'action. La question n'est pas nouvelle. Cinq siècles avant le Christ, la tragédie de Sophocle, *Antigone,* fournissait déjà l'illustration classique de l'objection de conscience : Antigone ira, au péril de sa propre vie, contre les lois injustes du roi Créon interdisant d'enterrer son frère Polinice. L'objection de conscience ne peut pas être identifiée aux points d'honneur qui marquent plutôt un durcissement et une sclérose du jugement de conscience, une sorte d'entêtement déraisonnable qui défie le bon sens, comme on l'a vu récemment dans une affaire de meurtre religieux.

La pensée de John Henry Newman en ce qui concerne la suprématie de la conscience est parfaitement claire : à propos du problème, dans l'Angleterre du XIXe siècle, de la double allégeance civile et religieuse, il écrit dans sa Lettre au duc de Norfolk : « Si, après un dîner, j'étais obligé de porter un toast religieux – ce qui évidemment ne se fait pas –, je boirais à la santé du pape, croyez-le bien, mais à la conscience d'abord, et ensuite au pape. » La conscience morale demeure pour Newman notre guide intérieur indispensable « qu'aucun pouvoir ne peut domestiquer, ni aucune mode du temps aliéner » : « Si le pape parlait contre la conscience, au vrai sens du mot, il commettrait un suicide. Il ferait crouler le sol sous ses pieds. »

Pour Newman, le jugement moral (*moral sense*) constitue la base de l'éthique alors que l'impératif moral (*sense of duty*) sert de fondation à la religion. Newman voit dans l'obligation morale les principales anticipations de l'expérience religieuse : ouverture à un au-delà de soi, intuition de la bonté créatrice, appel à la responsabilité. Ainsi, Dieu ne fonde pas la morale, mais la morale témoigne que la personne humaine est capable de Dieu. La fidélité à la conscience ouvre un chemin vers Dieu, que nos ancêtres savaient reconnaître quand ils parlaient de la voix de Dieu dans la conscience.

L'homme a tout ce qu'il faut pour juger de ce qui est bien et de ce qui est mal, pour éviter les illusions, pour mener une vie droite, juste, responsable. Mais la formation à juger droitement et à se décider courageusement en conséquence, ne semble pas évidente. Il faudrait lire ou relire ici le réquisitoire passionné de Jacques Grand'Maison dans son livre *Quand le jugement fout le camp,* invitant instamment à la maturité morale, à ne pas laisser d'autres décider à notre place, qu'il s'agisse des avocats, des lois, des déclarations de droits, de fantaisie, des foules aveugles, de modes, des journalistes, etc. Des dérives nous sont toujours possibles pour éviter d'assumer la fidélité à notre conscience : immaturité, complaisance, conformisme, fuite par le haut ou par le bas, observances légalistes ou transgressions anarchiques, révolte ou évasion dans des paradis artificiels, divertissement pascalien ou « Juste pour rire », etc.

Newman voyait dans l'obligation morale le fondement humain, naturel, de la religion. Pour lui, la personne humaine est « capable de Dieu » : l'ouverture à l'absolu et au sacré se trouve profondément inscrite au cœur même de son expérience morale. Le christianisme cependant emprunte une autre voie que celle des religions dites naturelles, en nous présentant, en Jésus Christ, un Dieu amour, capable d'humanité, prenant l'initiative de s'approcher de ses créatures, de se révéler à elles pour inviter à partager sa propre vie. Le Christ vient combler les attentes profondes de l'humain qu'il ne saurait satisfaire lui-même. Encore faut-il aller jusqu'au fond de l'expérience chrétienne en dépassant une approche purement morale, centrée sur soi et sur les obligations religieuses, il me faut aimer Dieu et mon prochain, pour emprunter une approche proprement spirituelle, tournée vers le Seigneur et vers la gratuité de son amour, laisser Dieu être Dieu dans ma vie, me laisser rejoindre et aimer par lui. Une révolution pour la morale humaine !

Jean-Guy Saint-Arnaud

Saint-Augustin, août 2012

Un vieux dicton affirme qu'une image vaut mille mots. C'est malheureusement tout aussi vrai d'une image qui ment ou qui se trompe que d'une image qui dit vrai. Le dicton s'applique aux vraies images et tout autant aux images verbales. Ainsi, l'expression « sans feu ni lieu » décrit très bien la situation misérable des itinérants sans abri. Cependant, l'expression « sans foi ni loi » est une médisance sur le dos des non-croyants. En effet, elle sous-entend que sans foi, on est nécessairement sans loi ou privé de sens moral. Ce même dicton est exprimé à merveille dans un roman de Dostoïevski, qui fait dire à Ivan Karamazov : « Si Dieu n'existe pas, alors tout est permis. » Même la charte canadienne des droits et libertés de 1982, d'un pays pourtant supposément laïque, affirme dans son préambule : « Le Canada est fondé sur des principes qui reconnaissent la suprématie de Dieu », sous-entendant que la valeur de cette charte repose en entier sur la croyance en Dieu.

Cette conviction que, sans Dieu, la morale et la civilisation sont impossibles ne peut venir que des croyants. Est-ce à dire que ce serait vrai pour eux ? En effet, le respect d'une morale me semble plus sincère chez un non-croyant qui, contrairement aux croyants, respecte les règles morales de sa société, sans la peur d'un châtiment ni l'espoir d'une récompense dans une autre vie, puisqu'il n'y croit pas. Il me semble qu'à morale égale, la conscience du non-croyant est plus vraie, plus pure, plus méritoire, plus admirable.

Quand il est question de morale, il faut bien sûr distinguer, d'une part, le sens moral, c'est-à-dire la capacité de faire la différence entre le bien et le mal, et d'autre part, le contenu de la morale. Le sens moral est commun à tous les humains normaux; c'est comme un sixième sens instinctif, caractéristique de l'espèce et indispensable à la vie sociale. Le contenu de la morale, pour sa part, est partiellement arbitraire, variant selon la culture et l'époque. Je dis partiellement parce que certaines règles morales se retrouvent dans toutes les cultures: ne pas tuer, ne pas violer, ne pas voler, ne pas tricher et, ce qu'on appelle la règle d'or, faire aux autres ce qu'on voudrait qu'on nous fasse. Mais au-delà de ces règles «universelles», le bien et le mal prennent des couleurs locales et changeantes.

Si on en croit la légende métaphorique, Adam et Ève ont payé cher d'avoir désobéi en mangeant du fruit de «l'arbre de la connaissance du bien et du mal»: gagner son pain à la sueur de son front pour l'homme, enfanter dans la douleur pour la femme et la mort pour les deux (et pour nous tous), un très lourd héritage. Ils ont tout de même gagné en retour de cette connaissance interdite, la capacité de distinguer par eux-mêmes, librement, le bien du mal. Ils pouvaient donc désormais fonder leur morale sur leur propre savoir, sur leur propre conscience. Voilà un premier indice de la possibilité d'une morale purement humaine, sans Dieu.

Un deuxième indice nous provient de la biologie. On observe en effet chez d'autres espèces des éléments de proto-morale. Un premier exemple est celui des suricates, ces petits carnivores d'Afrique du Sud qui vivent en société. Ils possèdent trois sortes de cris d'alarme pour avertir leurs congénères de l'arrivée d'un prédateur : un cri qui « signifie » serpent, un pour aigle et un troisième pour chacal ou léopard. Pour permettre au reste du groupe de consacrer plus de temps à la recherche de nourriture, un des membres du groupe monte la garde au lieu de s'alimenter, chacun manifestant ce sens du **devoir** et **d'entraide** à tour de rôle. De plus, au lieu de s'enfuir en silence à la vue d'un prédateur, le vigile pousse à chaque fois son cri d'alarme, s'exposant ainsi davantage au danger, faisant donc preuve d'une grande **loyauté** envers son groupe. Enfin, il pousse toujours le cri approprié, il ne crie jamais serpent quand c'est un aigle qui s'approche ; il dit donc toujours la **vérité**.

Un deuxième exemple concerne les combats chez les cerfs et les antilopes. Ces combats entre mâles leur donnent accès aux femelles pour la reproduction et peuvent être mortels. Cependant, ils se déroulent toujours selon des règles très strictes, auxquelles tous les participants adhèrent : on n'attaque jamais sournoisement sans prévenir, le combat est toujours précédé de menaces et de parades qui tentent de dissuader l'adversaire pour éviter le combat et le premier coup est toujours porté contre l'arme de l'adversaire, jamais sur une partie vulnérable du corps. Ces combats, même mortels, ressemblent donc à un duel formel ou à un combat de boxe, respectant avec **honnêteté** un *fair play* absolu et **sans la moindre tricherie**.

On trouve donc dans ces deux exemples des éléments de ce qu'on appellerait la morale chez l'humain et on a toute raison de croire que de telles règles de conduite sociale existaient chez les ancêtres immédiats de notre espèce et dès les débuts de l'histoire de notre espèce, il y a 200 000 ans. Si tel est le cas, les principes et les comportements moraux existaient probablement bien avant l'invention de l'idée de Dieu, tout comme ils existent à l'état embryonnaire chez d'autres espèces sans croyance en Dieu. Dans tous ces cas, cette proto-morale est fondée sur les exigences de la sélection naturelle pour assurer une vie sociale équilibrée et harmonieuse, elle-même indispensable à la survie et au succès des individus membres de tels groupes sociaux. Il faut un minimum de « sens moral » pour vivre en société, humaine ou suricate. Il s'agit d'une morale naturelle, fondée sur une confiance en l'Homme et sur sa capacité de définir ses propres critères moraux au lieu de les imaginer venir d'ailleurs.

La science elle-même n'est pas étrangère à l'idée de morale. D'abord, même s'il ne s'agit pas de lui demander de fonder une morale, elle pratique tout de même plusieurs règles éthiques qui ont une parenté évidente avec la morale : la recherche de vérité, le respect des faits, l'ouverture aux idées nouvelles, la tolérance des idées contraires, la rigueur et l'honnêteté intellectuelles et la liberté de pensée. Ce sont des valeurs inspirantes pour fonder une morale laïque et humaniste.

Il ne faut donc pas demander à la science de répondre à des questions de morale ou de sens. Si elle prétend pouvoir le faire, elle s'engage alors dans une entreprise illégitime qui flirte avec le scientisme. Cependant, rappelons-nous que la science découvre petit à petit la vérité au sujet de la réalité du monde. Elle dessine donc un paysage de vérité où l'on peut ensuite tenter de créer un sens à notre existence et tenter de fonder une morale. Une morale et un sens fondés sur les vérités de la science au lieu d'être fondés sur la révélation religieuse, la tradition historique, l'autorité sociale, religieuse ou politique ou sur l'ignorance, la peur, l'obscurantisme et les superstitions.

Les faits eux-mêmes, tels qu'ils sont révélés par la science, sont neutres, ni bons ni mauvais, mais ils peuvent servir de guide ou de balise, pour créer un sens et une morale. Il faut s'en inspirer sans en être esclave. Ignorer ces faits reviendrait à fonder les questions de sens et de morale sur l'ignorance et sans égard pour la vérité.

Pour les questions de sens et de morale, la science ne peut servir qu'à dire ce qui est, elle ne dit pas ce qui devrait être ; son discours concerne les faits, non pas les valeurs. Pour ce qui est, ce sont les faits qui décident ; pour ce qui devrait être, c'est à nous de décider librement, personnellement et collectivement et en toute connaissance de cause. Par exemple, la biologie moderne décrit et explique en détail le développement de l'embryon et du fœtus humain, mais elle est inapte à nous dire si l'avortement est bien ou mal en général ou à partir d'un certain degré de développement. Et la science est incapable de nous dire si le fœtus humain est une personne. La science peut livrer des connaissances vraies, parfois troublantes et très fortes, à la porte de la religion, de la politique ou de la philosophie. C'est à elles d'en faire bon usage.

En conclusion, la croyance en Dieu est un élément tellement fort et central de la vie du croyant qu'il peine peut-être à imaginer la vie autrement. Peut-être que pour lui, la vie sans Dieu est absurde et sans valeur. Eh bien, il n'a pas à essayer d'imaginer une vie sans Dieu, il lui suffit d'écouter le témoignage du non-croyant ou encore mieux d'observer sa vie pour constater qu'une vie bonne, sans Dieu, c'est non seulement possible, mais c'est tout à fait réel et même normal, naturel et de plus en plus répandu. Dans une telle vie, la morale laïque est fondée sur la raison, la conscience, la connaissance, la vérité, la compassion, la responsabilité et la liberté. Même sans Dieu, peut-être à plus forte raison sans Dieu, toutes ces valeurs humanistes fleurissent dans le cœur de l'Homme[4].

Cyrille Barrette

4. Axel KAHN et Christian GODIN, *L'homme, le bien, le mal*, Paris, Stock, Les essais, 2008, 397 p. Daniel BARIL et Normand BAILLARGEON (sous la direction de), *Heureux sans Dieu*, Montréal, VLB, 2009, 165 p.

Réplique – Peut-on fonder une morale sans Dieu?

J'aurais aimé, Cyrille, suivre vos cours. Vous devez être un excellent professeur. Vos exposés, si j'en juge par vos lettres, devaient être clairs, bien illustrés, toujours intéressants.

Nous nous rencontrons beaucoup, Cyrille, comme vous avez pu le constater, sur la question des fondements de la morale. Vos réflexions rejoignent bien les miennes en explicitant les racines naturelles ou les antécédents biologiques de la morale. Elles me permettent également de mieux situer le rôle de la science en ce domaine. Je suis d'accord avec vous pour reconnaître que la religion ne constitue pas le fondement de la morale, pas plus que la science. Comme vous l'avez bien noté, c'est la personne libre elle-même qui remplit cette fonction. J'ai beaucoup aimé vos réflexions sur les apports éminemment précieux de la science au comportement éthique et aux décisions morales: recherche de vérité, respect des faits, ouverture aux idées nouvelles, tolérance des idées contraires, rigueur et honnêteté intellectuelles et liberté de pensée. Point n'était besoin cependant, dans votre apologie de l'honnêteté des savants, de déprécier subtilement la moralité des croyants. Cela enlève, à mon avis, de la valeur à votre argumentation, comme si elle voulait se conforter en évoquant par contraste la faiblesse morale des croyants. Si seulement la science et la foi pouvaient se rencontrer vraiment et si nous pouvions comprendre que leurs différences respectives sont des richesses à partager et non des menaces à craindre, ces vertus intellectuelles et morales que vous reconnaissez aux savants y gagneraient beaucoup à se retrouver tout autant chez les croyants. La science n'a peut-être pas besoin de la religion, mais la religion, comme la morale, a besoin des qualités intellectuelles que vous attribuez aux savants.

Vos commentaires sur Adam et Ève me laissent pour le moins perplexe. Vous faites, me semble-t-il, dire aux textes ce que vous voulez bien qu'ils disent pour prouver votre point. C'est peut-être de bonne guerre ? J'en doute. Est-ce mon sens critique qui me fait dire : « Oui, mais... » et demander moins d'affirmations péremptoires et plus de nuances ?

Votre lettre me laisse aussi sur une vague impression que les savants agnostiques ou athées se sentent tout aussi incompris, pour ne pas dire méprisés, par les croyants que les croyants eux-mêmes peuvent l'être. Si tel est le cas, je trouve cela déplorable. Il existe, je pense, en particulier au Québec, un lourd contentieux historique entre surtout l'institution ecclésiale et l'intelligentsia laïque. L'Église paie cher d'avoir laissé l'autoritarisme prendre le pas sur sa mission de service. Notre enfance et notre jeunesse en ont été marquées. Je me demande si cela ne joue pas, en filigrane, dans notre correspondance. C'est comme si notre peuple avait fait une immense indigestion religieuse. J'ai hâte que l'on puisse passer à autre chose...

J'aurais aimé que vous parliez dans votre lettre de l'impératif moral (qu'il faut distinguer du sens moral), si important pour la question qui nous concerne. Que pense un savant naturaliste de cet aspect original de la conscience morale ? Comment en expliquer l'origine et la cause ? John Henry Newman a-t-il raison de reconnaître, dans le phénomène invariable de l'obligation morale, le fondement de la religion dite naturelle ?

Jean-Guy Saint-Arnaud

Réplique – Peut-on fonder une morale sans Dieu ?

Je pense que, dans votre huitième réplique, vous avez partiellement raison : les « prises de position » sur les questions de « foi et science » relèvent en partie « des tempéraments de chacun ». Cependant, ces tempéraments ne déterminent que la couleur de surface des deux modes de pensée, foi et raison, qui sont distincts en profondeur et de part en part. En effet, entre foi et raison, tout est différent : il s'agit de croire en Dieu ou de croire en l'Homme et en la nature, faire confiance les yeux fermés ou ouverts, croire ou douter, aimer croire ou préférer souvent ignorer et parfois savoir.

J'en profite ici pour apporter une précision. À mon avis, la religion est une expression de la foi et la science est une expression de la raison. Si on veut les comparer ou les faire dialoguer, les paires appropriées sont donc davantage foi et raison (comme l'indique très justement le titre de l'encyclique de Jean-Paul II de 1998 : *Fides et Ratio*) ou religion et science, plutôt que foi et science ou religion et raison. C'est encore un détail, mais il me semble important.

Je suis ouvert à tenter de comprendre la « rationalité de la foi ». J'ai cependant besoin qu'on me la démontre et qu'on me l'explique. Ma « conviction que rien n'existe au-delà de la nature » est très justement, comme vous le dites, « un empêchement purement méthodologique », c'est-à-dire que la science arrive à expliquer la nature, entre autres parce qu'elle considère qu'invoquer le surnaturel n'explique rien. D'où vient l'idée « qu'en dehors des savants il n'y a que des ignares » ? Sûrement pas de moi. En effet, je suis convaincu que la science comme méthode pour comprendre la nature est accessible à tous, même aux enfants de 10 ans. Quand je dis que le frère André a été canonisé par l'ignorance, ce n'est pas une insulte, mais une simple constatation qui me semble incontestable.

J'aimerais que vous ayez raison d'affirmer que « les idées... poussent à agir seulement lorsqu'elles sont... dynamisées par l'amour ». Malheureusement, elles poussent tout autant à agir quand elles sont dynamisées par la peur, la haine, la cupidité et autres sombres vertus. Je n'arrive pas à imaginer des exemples d'affirmations de « la primauté de la conscience morale sur toutes les lois, même divines ». Il me semble que de tels exemples démontreraient la véracité de votre conviction surprenante pour un croyant pour qui « Dieu n'est pas le fondement de la morale humaine ». En quoi le christianisme n'est-il pas une « religion naturelle » ? D'ailleurs, qu'est-ce qu'une religion naturelle ? Et que sont celles qui ne le sont pas ? Sont-elles superficielles ou surnaturelles ?

Il me semble que votre neuvième lettre est une belle et pure expression de foi chrétienne, inspirante même pour un non-croyant. En cela, elle démontre avec éloquence que foi et raison, religion et science, bien comprises, ne s'opposent pas, ne peuvent pas s'opposer, puisqu'elles suivent des chemins parallèles, éclairés par deux lumières distinctes et en quête de deux sortes de vérités.

Cyrille Barrette

10

La spiritualité est-elle possible sans Dieu ?

Pierrefonds, août 2012

J'ai déjà rédigé, Cyrille, un essai sur la vie spirituelle des athées, que j'ai intitulé *Je suis athée, Dieu merci!* Ce texte répond exactement à la question posée: *La spiritualité est-elle possible sans Dieu?* Je ne trouve rien de mieux que d'en présenter le résumé.

D'entrée de jeu, il faut reconnaître que la question n'est pas théorique: elle se pose concrètement depuis longtemps. Qui n'a pas entendu, dans une conversation, quelqu'un dire, pour prendre ses distances d'avec l'Église, mais sans pour autant se couper de l'expérience de vie intérieure: «C'est spirituel, mais pas religieux.» Cet écart entre la vie spirituelle et la religion s'est peu à peu creusé à l'occasion du mouvement de laïcisation de la société et des désaffections importantes qu'ont connues les institutions ecclésiales traditionnelles.

Selon Charles Taylor, les courants actuels de la spiritualité se trouvent marqués par une nette tendance à exclure toute considération de l'au-delà et à écarter toute transcendance, pour ne porter l'attention que sur la vie présente, une vie centrée sur soi, sur ses besoins individuels, sur son épanouissement et sa réalisation personnels, plutôt que sur une vie après la mort exigeant dès maintenant de l'austérité, du détachement et du dépassement de soi. On reconnaît facilement là les dérives du Nouvel Âge! À l'encontre des manifestations extraordinaires réservées à une élite spirituelle, cette affirmation et cette promotion de la vie ordinaire, avec ses nobles valeurs de justice, d'égalité et de bienveillance, se soldent souvent par l'insatisfaction et le désenchantement à l'égard d'un monde privé de transcendant.

C'est dans ce contexte que des athées, qui se disent néanmoins « fidèles » aux valeurs chrétiennes, revendiquent pour eux-mêmes l'accès à la vie spirituelle en dehors de toute référence à Dieu. André Comte-Sponville a fort bien illustré et défendu cette position dans son livre *L'esprit de l'athéisme. Introduction à une spiritualité sans Dieu.* Certains s'en étonneront, écrit-il : « "Vous, un athée, vous vous intéressez à la vie spirituelle !" Et alors ? Que je ne croie pas en Dieu, cela ne m'empêche pas d'avoir un esprit, ni ne me dispense de m'en servir. [...] Ne pas croire en Dieu, ce n'est pas une raison pour renoncer à toute vie spirituelle. [...] Qu'est-ce que la spiritualité ? C'est la vie de l'esprit. Retrouver une spiritualité sans Dieu, sans dogmes, sans Église, qui nous prémunisse autant du fanatisme que du nihilisme, voilà ce qui importe. »

Que penser, que faire devant tout cela ? Un athée peut-il vraiment exercer une activité spirituelle ? Quelques remarques s'imposent pour éclairer les rapports entre croyants et incroyants. Il importe tout d'abord de constater que « nous sommes tous embarqués », comme dit Blaise Pascal, dans la même aventure. Nous partageons tous la même condition humaine, les mêmes énigmes, les mêmes difficultés de vivre : la souffrance, le mal et la mort. Il faut reconnaître encore que personne ne possède le monopole de la vérité et de l'intelligence en ce qui concerne notre commune condition humaine. Pour les croyants ou les incroyants, de part et d'autre, l'intolérance, le dogmatisme et le fanatisme demeurent toujours à combattre et à rejeter. Pour vraiment nous comprendre et nous rejoindre, nous devons aller au-delà des mots, des professions de foi ou d'incroyance, pour retrouver les principes de base et la logique interne qui régissent notre vie personnelle, les dynamismes en œuvre chez elle et, surtout, l'orientation fondamentale de son devenir. Qu'y a-t-il derrière ce qui est affirmé, proféré verbalement : « Je suis athée, je suis croyant, etc. » ?

C'est en regard de cette orientation de base vers la vie, beaucoup plus que sur les déclarations verbales, que nous pouvons comprendre la foi ou l'incroyance d'une personne. Je puis proclamer que je crois en Dieu et me situer en vérité sur le chemin de l'athéisme ; je puis me dire incapable de reconnaître l'existence de Dieu et me trouver sans trop le savoir en marche vers lui. Il reste au déroulement de mon histoire, avec ses infidélités et ses reprises, d'expliciter et d'amener à maturité ce qui se trouve déjà solidement assuré dans le fond de mon cœur, c'est-à-dire dans la visée, les horizons et l'orientation dynamique de ma personne.

Nous pouvons nous réjouir du fait que des athées revendiquent et veuillent partager avec les croyants les richesses de la vie spirituelle. Certains croyants s'en étonneront, notait André Comte-Sponville. Je vais sans doute étonner les athées, à mon tour, en affirmant que leur athéisme s'inscrit dans la sphère des religions, qu'il en fait partie et constitue un élément important de la vie spirituelle. On n'échappe pas, en effet, à la religion, tout comme on n'échappe pas à la politique. Le refus de s'engager en politique constitue une position politique. J'estime qu'il en est ainsi de l'athéisme en regard de la religion. L'athéisme apparaît comme une foi, mais une foi différente. Comte-Sponville en convient: «Je ne prétends pas *savoir* que Dieu n'existe pas, je *crois* qu'il n'existe pas.» Et il est aussi difficile de croire que Dieu existe que de croire qu'il n'existe pas.

La nécessité de refuser tous les faux dieux est un impératif et une exigence fondamentale dans la vie des croyants. Cette exigence se manifeste massivement, dans l'Ancien Testament, par la lutte contre les idoles et contre les faux prophètes. Dieu lui-même y apparaît paradoxalement comme le plus militant des athées. Jésus poursuivra le même combat, au prix même de sa vie, pour libérer les hommes des fausses images de Dieu (véhiculées en particulier par les pharisiens) et de l'oppression de l'absolu qui guette toutes les religions. Sa prédication et ses gestes, en témoignant du Dieu amour, opèrent une critique radicale des comportements religieux déviants et illusoires de son temps. Dans les évangiles, le Christ insiste sur la nécessité, par delà toutes les belles paroles, d'incarner l'amour dans des actes. Que l'on dise oui ou non, ce qui importe, précise la parabole des deux fils (Mt 21, 26-31), c'est d'arriver à répondre concrètement aux appels de Dieu. Et cela même à son insu, sans le savoir explicitement, comme précise le texte de Matthieu sur le jugement dernier (Mt 25, 31-46).

Au début de l'Église, les premiers chrétiens étaient envoyés aux bêtes pour motif d'athéisme, à cause précisément de leur refus de sacrifier aux dieux païens. Saint Justin le reconnaît clairement : « On nous appelle athées et nous le disons bien haut, nous l'avouons, nous sommes les athées de tous les prétendus dieux. » Étrange ! Aujourd'hui, on accuse les chrétiens de fabriquer des illusions, alors qu'au début ils étaient accusés d'athéisme, d'être des casseurs d'illusions, des destructeurs de faux dieux.

C'est un devoir pour le croyant de réfléchir sur sa foi pour en vérifier l'authenticité et pouvoir la partager. Les athées, tels des prophètes, peuvent fournir des aides précieuses dans ce travail de discernement. En nous obligeant à purifier nos images de Dieu, à nous débarrasser de nos fausses conceptions du divin, ils peuvent rendre un fier service à notre foi. Nous pouvons et devons, en effet, à juste titre, nier avec eux les faux dieux qu'ils refusent et rejettent. Comment n'être pas d'accord avec eux pour nous débarrasser d'une religion janséniste, culpabilisante, moralisatrice, despotique, infantilisante? Les athées demeureront toujours un défi pour les chrétiens. Ils seront toujours des dérangeurs, des « désenclaveurs », des éveilleurs de conscience. Ils ont des raisons valables de refuser ce qu'ils refusent et c'est être fidèle à la vérité que de le reconnaître.

On ne saurait parler de Dieu que par analogie, qu'en utilisant un langage symbolique fait de comparaisons et de paraboles, comme nous le montrent les enseignements de Jésus dans les évangiles. C'est dire que, du point de vue de la psychologie religieuse, des précautions s'imposent pour éviter de concevoir Dieu à notre mesure (anthropomorphisme) ou de déclarer notre totale incapacité de le connaître (agnosticisme). La connaissance de Dieu, pour qu'elle soit authentique, se doit de passer par trois étapes liées dialectiquement : (1) un premier temps d'affirmation (la voie positive, cataphatique), (2) un deuxième temps de négation (la voie négative, apophatique), (3) enfin un temps de superexcellence (la voie d'éminence).

Par exemple, quand je dis que Dieu est bon, qu'il est mon père, je dois immédiatement répliquer: non, Dieu n'est pas bon ni père selon la perception limitée que j'ai de la bonté et de la paternité dans mon expérience humaine. Dieu est infiniment bon, d'une bonté que je ne saurai jamais imaginer ou concevoir adéquatement; il exerce une paternité qui dépasse infiniment l'idée que je pourrai jamais m'en faire.

La voie négative est celle du *Nuage de l'inconnaissance,* celle de l'athéisme mystique de Maître Eckhart, celle des nuits des sens et de l'esprit chez les spirituels. Ce deuxième temps est des plus importants dans l'expérience spirituelle dont il marque, en quelque sorte, le passage à la maturité, comme l'adolescent qui s'affirme en s'opposant. Mais plus encore que cette référence à la psychologie religieuse, c'est la nature même de Dieu qui requiert et appelle la voie négative. Dieu est toujours plus grand que… ; il est le tout autre. Il déborde nécessairement les saisies que nous pouvons avoir de lui. Il est vraiment, en ce sens, un « Dieu caché » (Is 45, 15), un Dieu qu'on ne saurait trouver qu'en le cherchant toujours, comme le note saint Augustin.

Bien sûr, ces réflexions sur la vie spirituelle des athées ébranleront les catégories familières de certains croyants. Il n'est pas habituel d'aborder la spiritualité sous cet aspect. En régime chrétien, l'expérience spirituelle ne se conçoit guère sans référence à Dieu et à l'Esprit. « Puisque l'Esprit est notre vie, que l'Esprit nous fasse aussi agir. » (Ga 5, 25) Pour le croyant, la vie spirituelle ne saurait se réduire à la seule vie intérieure, à la seule présence à soi, au pur psychologisme, sans référence aucune à Dieu. Mais, nous ne rendons pas justice aux athées en les identifiant trop rapidement à de simples fossoyeurs de la foi. En vérité, ils sont moins des menaces que des richesses pour les croyants. Quand nous dépassons leur pure profession verbale d'athéisme, quand nous considérons leurs orientations profondes et leurs engagements concrets, nous découvrons que les athées fidèles, dont parle André Comte-Sponville, non seulement ne s'opposent pas nécessairement à la foi en Dieu, mais encore lui offrent paradoxalement une de ses sauvegardes essentielles. Car il est clair que nous ne saurions être profondément chrétiens sans être athées de tous les faux dieux. « Je suis athée, Dieu merci ! » : cette boutade a peut-être plus de sens qu'il n'y paraît.

Jean-Guy Saint-Arnaud

Saint-Augustin, août 2012

Cette question est bien sûr la sœur jumelle de la précédente et comme pour elle, la réponse courte est un oui sans équivoque. Imaginer que sans Dieu la morale et la spiritualité sont impossibles, c'est considérer les naturalistes athées comme des barbares, des brutes sans esprit, sans culture, des âmes païennes perdues. Je sais bien que la majorité des croyants ne vont pas aussi loin dans leur jugement, mais les sous-entendus des questions 9 et 10 n'en sont pas moins évidents et de telles questions ne peuvent venir que de croyants. Les non-croyants n'ont en effet aucune raison de douter de leur propre sens moral ou de la richesse de leur vie spirituelle qu'ils vivent concrètement et naturellement au quotidien. Je suis probablement tout aussi ébloui et ému que le croyant par la beauté d'une messe de Bach et la splendeur des cathédrales, même « débondieurisées » (Jacques Brel).

La réponse à la question me semblait tellement évidente qu'au départ je pensais n'avoir rien à dire là-dessus, au-delà d'un oui franc ; surtout qu'une bonne part de ce que j'ai dit sur la morale sans Dieu s'applique tout autant à l'idée d'une spiritualité sans Dieu. Ma deuxième réaction fut l'assurance de ne pouvoir dire plus et mieux sur la question que le philosophe André

Comte-Sponville dans son livre de 2006 : *L'esprit de l'athéisme. Introduction à une spiritualité sans Dieu*. Et j'avais effectivement raison. Voici tout de même quelques réflexions personnelles appuyées de citations de Comte-Sponville.

D'abord qu'est-ce que la spiritualité ? C'est simplement la vie de l'esprit, par opposition à la vie des sens et à la vie matérielle. Ce n'est que cela, mais c'est tout cela. En effet, la spiritualité, ce n'est pas que la religion. « Comme la seule spiritualité socialement observable, dans nos pays, fut pendant des siècles une religion (le christianisme), on a fini par croire que religion et spiritualité étaient synonymes. Il n'en est rien ! » (Comte-Sponville, p. 151). Je crois qu'il faut décaper le mot « spiritualité » de toutes connotations paranormales, mystiques, ésotériques ou religieuses. Les religions n'ont certainement pas le monopole de la spiritualité.

« Aimer et penser, c'est la véritable vie des esprits » (Voltaire). Une spiritualité sans Dieu, c'est une spiritualité avec soi, avec l'humanité, avec la nature. C'est une spiritualité pleine et entière, riche et profonde. Il me semble que pour le non-croyant, spiritualité et morale se doivent d'être plus réfléchies et plus volontaires, justement parce que Dieu n'y est pour rien. Malgré son appellation privative, la spiritualité sans Dieu du non-croyant n'est privée de rien, puisqu'il ne croit pas en Dieu. Elle offre plutôt tout l'espace possible pour accueillir les nombreuses dimensions lumineuses de la grande aventure de la vie de l'esprit.

Une spiritualité laïque, fondée sur la raison et sur la science, n'est donc pas une coquille vide; elle possède entre autres les caractéristiques suivantes:

1. Valorisation absolue de la vérité au sujet de la nature, promotion de la connaissance plutôt que de la croyance, et acceptation humble de notre ignorance.
2. Communion avec la nature en forme de respect, d'émerveillement, de célébration.
3. Aspiration à l'objectivité: description et compréhension de la nature qui ne soient ni centrées sur nous ni en fonction de nous.
4. Humilité, modestie, lucidité sur notre place dans la nature et dans son évolution.
5. Solidarité de la famille humaine: si nous sommes seuls dans cet univers indifférent à notre existence, au moins essayons d'être seuls ensemble.
6. Responsabilité pour notre présent et notre futur, «condamnés à inventer l'Homme» (Sartre), plutôt que de subir un supposé destin.
7. Liberté de choisir, de décider selon notre conscience et en connaissance de cause.
8. Espoir en l'amélioration des conditions de vie de tous les humains, courage et générosité d'y travailler.
9. Rêve de voir triompher l'amour et la vérité.

10. Éloge de la raison et lutte contre les superstitions, les peurs, les mensonges.
11. Condamnation de tous les intégrismes et fanatismes, religieux, politiques, économiques et de la marchandisation de tout.
12. Valorisation de l'existence de chaque personne, improbable, unique, irremplaçable.

Toutes ces valeurs et aspirations spirituelles et humanistes ont quelque chose de sacré et constituent un vaste programme de civilisation de la bête humaine, un programme qui ne perd rien de sa pertinence et de sa force, sans référence à l'idée de Dieu. Le croyant peut y voir la main de Dieu ; pour le non-croyant, cela ne change rien.

Que contient concrètement une telle spiritualité, sans Dieu ni religion ? D'abord l'amour, beaucoup d'amour de plusieurs sortes : l'amour d'une mère, d'un enfant, d'un amant, l'amour de la vie. L'amitié, la fidélité, la loyauté, la compassion. L'intimité et la complicité d'un couple. Le goût du beau, du bon, du vrai, du drôle, du nouveau. La morale, l'éthique, la justice. Le désir et la joie de connaître et de comprendre, de découvrir les mystères de la nature, incarnés suprêmement par la science. La hauteur et la profondeur de l'enseignement, le plus humain des métiers. Le respect des droits de la personne : liberté, égalité, fraternité. Le respect de tout ce qui est sacré chez l'autre : sa vie, sa liberté, ses désirs, ses peurs, ses espoirs.

Nul besoin de Dieu pour vivre pleinement cette riche litanie spirituelle, profane, laïque et vraie. Je dirais même que ces aspirations humaines spirituelles voient leur valeur décuplée du fait qu'elles ne viennent que de nous. Bien sûr, la spiritualité sans Dieu n'enlève rien et ne conteste rien à la spiritualité avec Dieu ; ce sont deux espèces distinctes. La spiritualité, « c'est notre rapport fini à l'infini ou à l'immensité, notre expérience temporelle de l'éternité, notre accès relatif à l'absolu. C'est l'amour, non l'espérance qui fait vivre ; c'est la vérité, non la foi, qui libère » (Comte-Sponville, p. 216-217). La spiritualité sans Dieu est donc non seulement possible, mais réelle, belle et vaste. Je la vois et l'admire partout autour de moi. Grâce à elle, l'Homme est moins barbare et il en a tout le mérite.

Cyrille Barrette

Réplique – La spiritualité est-elle possible sans Dieu?

La description idyllique, dans votre brève dixième lettre, de la spiritualité sans Dieu donnerait le goût au plus ardent croyant de se faire athée. Il lui suffirait de déplacer l'absolu qu'il plaçait en Dieu pour le mettre en lui-même, dans la raison et dans la vérité.

Il faut honnêtement reconnaître qu'une grande partie des valeurs que vous attribuez si généreusement aux savants naturalistes trouve son origine dans le christianisme. C'est ce que Frédéric Lenoir a bien montré dans son livre *Le Christ prophète*. Comte-Sponville, qui se dit athée chrétien, en convient lui-même: il avoue accepter, en effet, 95 % des valeurs chrétiennes, entre autres les valeurs de liberté, de fraternité et d'égalité qui ont marqué les démocraties occidentales. Seuls les trois derniers jours de la vie du Christ (sa résurrection) lui apparaissent inacceptables.

Le christianisme, à l'encontre des religions dites naturelles, tire son originalité du fait qu'il se présente comme une religion historique, basée sur la révélation manifestée en Jésus Christ. Il y a là renversement des perspectives et mouvement inverse. Tout au long des âges, les humains ont cherché spontanément à s'approcher de Dieu. Or, avec l'avènement de Jésus Christ, c'est Dieu lui-même qui vient à la recherche de l'homme pour se révéler à lui. Selon certains analystes, la révélation chrétienne aurait ouvert ainsi la voie à la science en dédouanant le monde, en le débarrassant du panthéisme, du caractère sacré et intouchable de la nature.

Nos lettres sur la question de la spiritualité sont encore fortement hypothéquées par les ambiguïtés du langage qu'il faudrait bien lever. Depuis les débuts du christianisme, à travers l'histoire, les mots *spirituel* et *spiritualité* désignaient la vie d'une personne dans sa relation à Dieu, une vie animée par l'Esprit Saint, selon la description de saint Paul dans son épître aux Galates (5, 25) : « Puisque l'Esprit est notre vie, que l'Esprit nous fasse aussi agir. » Cette description de la vie spirituelle fait écho à l'anthropologie traditionnelle chrétienne selon laquelle la personne humaine possède une triple dimension : la dimension corporelle (le corps, le somatique), la dimension psychologique (l'âme, le psychique) et la dimension proprement spirituelle (l'esprit, le pneumatique). L'ambigüité vient du glissement de sens et d'un amalgame qui se sont produits entre le psychologique et le spirituel. La vie dans l'Esprit a été réduite à la vie psychologique, à la présence intellectuelle à soi-même, à la pure intériorité sans Dieu. C'est ce psychologisme que l'on retrouve dans le Nouvel Âge et dans bien des centres de spiritualité chrétienne mal identifiés. « Qui précise peu comprend peu et aide peu », disait Ignace. Sans doute vaudrait-il mieux trouver des mots différents pour désigner des réalités différentes. Cela éviterait bien des discussions stériles.

À parcourir l'histoire des spiritualités, on ne peut qu'être frappé par l'importance accordée à une foule d'activités caractéristiques des croyants : la prière, la contemplation, la *lectio divina*, le discernement spirituel, l'ascèse, etc. Qu'en est-il de ces pratiques dans une spiritualité sans Dieu ?

Jean-Guy Saint-Arnaud

Réplique – La spiritualité est-elle possible sans Dieu ?

Une fois de plus, j'ai trop à dire, tant votre neuvième réplique et votre dixième lettre sont riches et denses. Il faut choisir. D'abord grand merci pour vos bons mots, toujours grandement appréciés.

Je ne déprécie pas la moralité des croyants, je tente simplement d'exprimer ce que je comprends de ses tenants et aboutissants. C'est forcément la perception d'un non-croyant convaincu. Partout où je semble « péremptoire », je suis prêt à défendre mes convictions telles que je les ai exprimées, tout en étant ouvert à apporter les nuances requises si on m'en démontre la nécessité. Je pense contribuer davantage aux échanges et à la réflexion en étant parfois catégorique, au risque de me tromper, qu'en diluant mes convictions par un excès de nuances souvent accessoires. Désolé si mon ton semble parfois irritant. Il faut mettre cela sur le compte de l'émotion et je m'en excuse s'il a pu nuire à l'accueil de mon discours. Mon objectif est toujours de trouver les mots justes pour exprimer ce que je pense, avec la vérité comme idéal, et dans les limites de mes moyens.

Il est vrai qu'au Québec on porte encore, de part et d'autre d'ailleurs, un « lourd contentieux historique » sur les questions de religion, de foi et d'athéisme. À votre souhait qu'on s'en libère, je ne peux que dire *Amen*.

N'est-il pas prévisible et salutaire que le croyant et le naturaliste interprètent et estiment différemment la métaphore d'Adam et Ève et du fruit défendu? Nul besoin et nulle justification d'y voir critique, dénigrement ou insulte. Contrairement à ce que semble en dire Charles Taylor, la spiritualité non croyante n'est pas centrée seulement et égoïstement sur soi, mais également sur l'humanité tout entière et sur la nature dans ce qu'elle a de plus beau.

Est-ce que le seul fait de poser la question «Un athée peut-il vraiment exercer une vie spirituelle?» et de ne pas y répondre par un «oui» sans équivoque ne jette pas le discrédit sur la spiritualité sans Dieu, la qualifiant implicitement de fausse ou d'infirme? Je suis peut-être hypersensible ici, mais ce sous-entendu me heurte toujours. Vous prétendez que même l'athée «n'échappe pas à la religion». C'est justement pour me libérer de ce brouillard religieux omniprésent et hégémonique que je préfère être considéré comme un naturaliste (appellation qui ne renvoie nullement à Dieu ou à la religion) plutôt que comme athée (comme je l'exprime dans mon avant-propos).

Tout le discours sur les faux dieux me laisse perplexe à mon tour. Qui peut distinguer les faux des vrais, comment, sur la base de quels critères et avec quelle assurance? Il me semble que ce n'est encore qu'une question de foi aveugle et a-rationnelle, ces qualificatifs ne dénigrant nullement la foi, mais exprimant simplement sa véritable nature. Le Coran et la Bible se réclament tous deux, avec la même insistance et la même certitude, du vrai Dieu ; les deux peuvent-ils avoir raison ? (Voir Laurent Laplante, 2007 : *Dieu et ses fils uniques*.)

Vous m'avez fait comprendre que le musulman, le juif et le chrétien sont athées de tous les dieux, sauf d'un seul : le leur, que chacun considère le vrai. Dans le même esprit, le naturaliste, dans le fond, n'est athée que d'un seul dieu de plus. Quantitativement, la différence est minime ; philosophiquement, elle est bien sûr fondamentale. Pour le naturaliste, tous les dieux sont faux, c'est-à-dire inventés par l'Homme. Cette affirmation n'a rien d'un blasphème ; ce n'est qu'une simple constatation lucide et cohérente avec la pensée naturaliste qui exclut le surnaturel.

Cyrille Barrette

11

Qu'est-ce qu'une vie réussie?

Pierrefonds, août 2012

Qu'est-ce qu'une vie réussie? Voici, Cyrille, une excellente question qui nous permettra de clore notre correspondance par une sorte de synthèse. Comment un savant naturaliste et un croyant voient-ils respectivement la vie dans son achèvement, vie menée à terme, bien développée, accomplie?

La vie humaine dont nous parlons, on le sait, est située dans l'espace et dans le temps. Elle n'est pas donnée d'emblée, mais elle se trouve, dès son apparition, soumise au devenir dans un milieu nourricier constitué par la nature et les personnes qui l'environnent. Parler du devenir, c'est dire que la vie humaine comporte essentiellement des limites. Elle manifeste certes une capacité native de se dépasser, pour croître, évoluer, progresser et accueillir du nouveau, mais il lui est également possible de bloquer, d'échouer, de rater son développement et de ne jamais atteindre le terme que lui promettaient ses potentialités. On peut penser qu'il existe beaucoup de Mozart assassinés. Il ne faut pas avoir vécu longtemps pour constater que la trajectoire d'une vie humaine connaît bien des épreuves et des crises qui portent des noms connus: maladies, pauvreté, souffrances, angoisses, détresses affectives, injustices, conflits de toutes sortes, etc. La mort viendra aussi à l'improviste empêcher la vie d'atteindre son plein épanouissement et la priver de toute la fécondité qu'on était en droit d'attendre d'elle.

La réussite d'une vie se mesure à l'atteinte de son terme, à la réalisation de ce vers quoi elle tend, de ce à quoi elle est destinée, de sa finalité. Comme je l'ai évoqué, dans mes lettres précédentes, j'estime, pour ma part, que le dynamisme profond qui anime la vie se trouve dans la créativité. La vie est faite pour être donnée, pour produire de la vie, et de la vie en abondance. Voilà ce qu'elle vise à tous les niveaux de son activité, chez toutes les personnes, selon leur état, leurs potentialités et leurs circonstances particulières. L'amour, voilà un autre mot pour parler de cette créativité et de cette fécondité et désigner le fruit ultime de la vie qui réussit.

Pour exprimer la réussite de la vie, Pierre van Breemen, un jésuite docteur en physique nucléaire fourvoyé en spiritualité, préfère utiliser l'expression «porter du fruit», plutôt qu'«avoir du succès». Il veut par là bien se démarquer face à «la société d'efficacité» qui favorise l'argent, la carrière, mais aussi la réputation et l'affirmation de soi comme critères d'excellence humaine. La créativité, la fécondité, la production de fruits, transcendent le succès lié aux promotions sociales, aux richesses accumulées, aux honneurs et aux prix que les médias partagent généreusement à leurs vedettes, comme aussi à la reconnaissance et aux titres académiques que nous pouvons collectionner. Je ne pense pas qu'il faille juger de la réussite d'une vie uniquement à l'aune de ce que pensent ou ne pensent pas les personnes qui nous entourent. Les succès mondains s'accompagnent souvent, à la longue, de profondes insatisfactions et de grandes détresses intérieures.

Saint-Exupéry disait que c'est devant les obstacles que les personnes humaines se révèlent. J'admire beaucoup Etty Hillesum qui a su, dans des situations de mort, en plein cœur de la Shoah, affirmer à qui voulait l'entendre que la vie est belle et qu'elle a du sens. La vie d'Etty, malgré son sort cruel, m'apparaît comme une des vies les plus réussies que je connaisse. Et elles sont nombreuses les personnes, inconnues des foules, qui, au creux de leur quotidien ordinaire, ont été, à leur mesure, fécondes et créatrices de vie, et qui, quand le privilège nous est accordé de les connaître intimement, suscitent en nous une immense admiration.

Viktor Frankl, le psychiatre disciple de Freud, a découvert paradoxalement sa liberté dans les camps de concentration. Son expérience singulière de résilience, de résistance intérieure à l'oppression, lui a inspiré une grande sagesse de vie qu'il a formulée dans ce qu'il nomme les trois façons gagnantes de se comporter face à la réalité. Ces manières de vivre peuvent servir d'indicateur d'une existence qui réussit. La première façon gagnante consiste à savoir accueillir et goûter la vie, quand elle est bonne et belle lorsqu'elle se présente à nous. Il s'agit là, pour Frankl, de valeurs de contemplation. Mais que faire quand ce que la vie nous réserve n'est ni bon ni beau? Deuxième façon gagnante: il faut alors, quand c'est possible, transformer par notre imagination créatrice et par notre travail la réalité pour la rendre bonne et belle, et pouvoir ensuite la goûter et en jouir. Pensons à nos hivers terribles que nous avons domestiqués en bâtissant de belles maisons bien chaudes, en fabriquant des vêtements à l'épreuve du froid, en inventant des pentes de ski et des patinoires, sans parler des motoneiges, qui font la joie tonifiante des amateurs de sports d'hiver. Mais que faire encore, quand nous nous trouvons devant une réalité affreuse et laide, terrible et inéluctable, par exemple devant une maladie incurable ou la perspective de notre mort prochaine, et que nous n'y pouvons rien? La troisième façon gagnante consiste, alors qu'il est impossible de changer la réalité, à se changer soi-même face à elle. Cette façon mobilise en nous nos valeurs d'attitude. Nous pouvons toujours, dans ces occurrences inévitables, nous diminuer ou nous grandir intérieurement, choisir la liberté ou l'asservissement. Comme le petit garçon que la maîtresse avait mis à genoux dans le coin de la classe et qui se disait à lui-même:

« En dedans, je suis debout, en dedans, je suis debout ! »

J'aime penser que nous réussissons notre vie dès lors que nous bouclons positivement chacune des étapes de sa croissance. La vie d'un enfant réussit quand celui-ci, au stade même de son enfance, acquiert ce que lui réserve cette étape : le développement de son corps, l'exercice de ses sens, la découverte du monde, l'accueil et la confiance, les sevrages et l'ouverture aux autres, etc. L'adolescent, pour sa part, réussit sa vie quand il parvient à travers la crise de puberté et la découverte du sens critique, à prendre sa vie en main, à assumer sa liberté et les responsabilités qui l'accompagnent. Les qualités d'accueil et de confiance de l'enfant, celles de l'autonomie et du jugement critique de l'adolescent se conjuguent à la sagesse d'expérience de l'adulte pour lui permettre, à travers la crise de maturité, d'exercer pleinement, dans sa sphère d'engagement et de travail, l'activité créatrice ultime du don de sa vie. Toutes les périodes de vie appellent à la créativité. Elles sont réussies quand elles en produisent les fruits particuliers.

À chacune de ces étapes, il existe plusieurs signes témoignant que la vie réussit. Les plus importants et les plus familiers sont la paix et la joie. Ces sentiments constituent les gratifications d'une vie qui fonctionne bien. La paix et la joie servent d'antidotes à la tristesse et à la peur qui empoisonnent la vie en en trahissant la faillite et l'échec. Pour le chrétien, la paix et la joie sont les fruits majeurs de la vie donnée en plénitude par le Christ en sa résurrection. Ce sont également les fruits et les signes de l'Esprit, expressions de l'amour plus fort que la mort qui défie toute peur et engendre une inextinguible jubilation.

En régime chrétien, la réussite de la vie ne saurait s'opérer par la recherche de la perfection, elle se trouve dans l'accueil de la sainteté. C'est ce que Jacques Leclercq m'a fait comprendre. « J'ai appris à me méfier de la perfection, avoue-t-il. Allons jusqu'au bout de ma pensée. Je déteste la perfection. J'ai choisi la sainteté. Ce n'est pas pareil. La perfection, c'est moi qui la fabrique, pour moi. La sainteté, c'est Dieu qui me la donne... » La grande question : laisser Dieu être Dieu, le laisser exercer en nous son action créatrice.

Le christianisme n'est pas une théorie, un système, une idéologie, c'est quelqu'un, Jésus. Il est entré dans notre monde, dans notre histoire, pour nous révéler Dieu, et n'en est jamais sorti. Ressuscité, il est vivant à jamais. Il nous demeure présent jusqu'à la fin des temps poursuivant en nous, à travers nous, son travail de transformation et d'humanisation. Il se donne à rencontrer toujours et partout. Verbe de Dieu, il donne sens, orientation et dynamisme à la phrase de notre vie. La révélation qu'il nous fait de l'amour premier, inconditionnel et inébranlable de Dieu pour nous, constitue le point d'appui solide sur lequel repose notre existence. Nous pouvons perdre notre fortune, notre travail, notre santé: Jésus demeure. Il est toujours là avec nous, nous assurant, dans le respect souverain de notre liberté, de l'amour inconditionnel et inébranlable de Dieu pour nous. Notre foi consiste à consentir dans la confiance à ce témoignage de Jésus, à expérimenter sa présence comme ressuscité et à laisser Dieu être Dieu dans notre vie.

Qu'est-ce qu'une vie réussie? Est-il quelqu'un, dans toute l'histoire humaine, qui ait manifesté, plus que Jésus, une aussi prodigieuse fécondité créatrice? Paradoxe extrême, il a fait surgir la vie au cœur même de sa mort. Il est venu chercher ce qui était perdu, précisément pour que nous ayons la vie en plénitude. «Je suis la résurrection et la vie. Crois-tu cela?» (Jn 11, 25-26) Il nous faut bien, un jour, le plus tôt est le mieux, en finir enfin avec les preuves pour consentir et nous abandonner à l'amour. Et vivre à plein, dans notre quotidien, la merveilleuse aventure de notre propre résurrection en gestation...

Jean-Guy Saint-Arnaud

Saint-Augustin, août 2012

La réponse à la question dépend totalement des critères adoptés pour définir et évaluer le succès d'une vie. Le plus simple et le plus universel de ces critères pour la vie sur Terre, c'est le succès reproducteur de la vie entière des individus. Selon ce critère comptable bête et incontournable, mes deux grands-mères ont connu un succès fulgurant: la mère de ma mère a eu seize enfants, dont douze ont survécu jusqu'à l'âge adulte, et la mère de mon père en a eu vingt-deux, dont seize ont continué la course de sa lignée. Selon ce même critère, la vie de Simone de Beauvoir a été un échec désolant, puisqu'elle n'a eu, semble-t-il, aucun enfant.

La vie et sa reproduction sont comme une course de relais: les coureurs représentent les individus, le témoin représente les gènes. Chaque coureur est un porteur temporaire du témoin, comme chaque individu est un porteur temporaire des gènes reçus de ses parents et qu'il passe à ses enfants dans la génération suivante. Mes grands-mères ont passé leur témoin à trente-huit enfants, dont vingt-huit l'ont passé à leur tour à leurs enfants. Pendant ce temps, Simone de Beauvoir a gardé son témoin pour elle; elle a mis fin à la lignée menant jusqu'à elle et commencée il y a 3 800 millions d'années aux origines de la vie sur Terre ; elle a interrompu la continuité absolue de la vie arrivée jusqu'à elle du fond des âges. Elle a gardé son témoin pour elle, mais elle l'a tout de même fait briller et fructifier autrement, bien sûr.

Pour toutes les autres espèces, le succès reproducteur est le seul critère de succès ; les individus n'ont aucune autre façon de réussir leur vie. Pour nous, et seulement pour nous sur Terre, le succès reproducteur n'est qu'une des façons de réussir sa vie. Pour certains, ce critère est primordial ; pour d'autres, il n'a aucune importance et on trouve tous les degrés entre ces deux extrêmes. Mais dans presque tous les cas, pour un humain, le succès d'une vie ne se mesure pas uniquement en abondance de progéniture produite. C'est, dans une large mesure, ce qui fait de nous plus que des bêtes ou à tout le moins une bête à part de toutes les autres. Un humain peut réussir sa vie, et de façon éclatante, sans la moindre progéniture, en composant une symphonie, un poème, une théorie, une philosophie, une religion, en gagnant une médaille d'or, en défendant une cause juste, en donnant sa vie au service des autres, etc., en un mot en étant pleinement humain. Pour un sapin et un castor, il n'y a qu'une façon de réussir sa vie ; pour nous, il y en a cent mille, et il y en a tout autant de la rater !

Maintenant, qui est en mesure d'évaluer le succès d'une vie ? Il me semble évident que chacun ou chacune est le meilleur juge du succès de sa propre vie. Personne n'a l'autorité ni la connaissance ni la compétence pour juger de la vie de l'autre; le succès d'une vie est une affaire purement personnelle, intime et subjective. Mozart, mort à 35 ans, a-t-il pour autant raté sa vie? Ma grand-tante Angéline, mère d'un fils unique, survivante de deux cancers et morte à 110 ans, après une vie modeste et discrète à la campagne, a-t-elle réussi sa vie trois fois mieux que Mozart? Bien sûr, les chiffres seuls, de progéniture ou de longévité, ne procurent pas une évaluation adéquate du succès: 50 ans de misère ne valent peut-être pas deux ans de bonheur. Mais qui sait? C'est à Mozart qu'il faudrait poser la question; lui seul aurait pu répondre de son vivant, ou répondrait sans doute encore mieux aujourd'hui si seulement il le pouvait, à la lumière de l'accueil planétaire unanime de son œuvre. Il en serait de même de Van Gogh, mort dans la misère, s'il savait la valeur marchande de ses toiles aujourd'hui.

Le succès d'une vie ou de quoi que ce soit d'autre n'est presque jamais une question de tout ou rien. Le succès d'une vie est en effet relatif, pour plusieurs raisons. D'abord, on peut l'évaluer plus justement sur une échelle graduée de 0 à 100 que sur la base d'un simple choix entre tout ou rien. Le succès est relatif pour une deuxième raison fondamentale: par comparaison au reste de l'humanité. Pour avoir voyagé en Asie et en Afrique, il m'apparaît évident que ma propre vie aura été une grande réussite par rapport à la vie de misère de la plupart des humains actuels et passés. Il faudrait bien sûr demander son avis sur la question à celui dont la vie me semble misérable dans un bidonville de Mumbai ou de Nairobi. De plus, une telle échelle, pour ce qu'elle vaut, est bien sûr multidimensionnelle. On peut très bien réussir sa vie publique et professionnelle, et rater sa vie familiale et amoureuse. Encore une fois, tout est fonction des critères de succès et du poids relatif que chacun leur attribue dans la comptabilité globale du succès.

Si chacun est le meilleur, voire le seul juge du succès de sa vie, c'est donc aussi à chacun et à chacune de définir ses propres critères de succès, ce qui se fait évidemment toujours sous l'influence de notre entourage immédiat et de notre société en général. Si ces critères sont très élevés, par exemple, devenir l'homme le plus riche de l'histoire de l'humanité, gagner tous les prix Nobel ou la médaille d'or dans toutes les disciplines olympiques, c'est bien sûr l'échec assuré. À l'autre extrême, si on ne désire rien, on est assuré de réussir sa vie. Cela rappelle la sagesse bouddhiste, qui considère que, pour atteindre le nirvana, il faut réussir à s'affranchir de tous ses désirs, considérés comme la source de toutes les souffrances. Évidemment, les aspirations de la plupart des humains se situent quelque part entre ces deux extrêmes.

Bien sûr, même pour le critère minimal de succès, encore faut-il au moins avoir vécu. Ici, on rejoint l'idée, tout aussi évidente que bizarre à première vue, de Richard Dawkins qui nous dit : vous et moi allons mourir et cela fait de nous les chanceux. En effet, la très vaste majorité des humains qui auraient pu exister, c'est-à-dire l'ensemble innombrable des humains possibles, n'existeront jamais. C'est pour cela que depuis des années, je célèbre, dans l'indifférence presque complète de mon entourage, la date de ma conception bien plus que celle de ma naissance. Je n'avais qu'une chance infiniment infime d'exister dans toute l'histoire de l'univers et j'avais pratiquement toutes les chances du monde de la rater ; or, le jour de ma conception, j'ai réussi, j'ai gagné à une loterie tellement improbable qu'elle est aussi proche de l'impossible qu'il est possible d'être. C'est de loin l'évènement le plus fabuleux de toute ma vie, la création de « je ». Après 14 milliards d'années d'existence de l'univers et 4 milliards d'années d'évolution de la vie sur Terre, je suis là ! Contre toute attente ! Je suis assuré de ne rien réussir de mieux durant tout le reste de ma vie. Vu comme cela, tout le monde qui vit a réussi l'étape la plus cruciale de sa vie, du seul fait de naître. Comme le souligne l'idéal olympique, il s'agit moins de gagner que de participer.

J'entendais l'autre jour Antonine Maillet en entrevue à la télé exprimer exactement la même idée. Elle disait en substance : le pire qui puisse arriver aux personnages de mes romans, ce n'est ni d'être orphelins, pauvres, miséreux ou malades ni de mourir ; c'est de ne pas naître. Elle pleurait tous ses personnages possibles qui ne deviendront jamais réels.

Ici, je suis parfaitement d'accord avec Dawkins et Maillet : le seul fait d'avoir vécu est déjà un succès fabuleux qui touche au cœur du mystère et de la splendeur de la simple existence.

Bien sûr, le succès est encore plus grand si on vit longtemps, heureux et riche. Nous serons tous d'accord qu'il « vaut mieux être riche et en santé que pauvre et malade » (Yvon Deschamps). Cependant, et c'est là la source de la lapalissade de Deschamps, et c'est cela qui explique pourquoi nous la trouvons drôle, nos parents, convaincus qu'ils étaient d'être « nés pour un petit pain », avaient développé à leur façon une sagesse du minimum en se répétant : « Vaut mieux être pauvre, mais en santé, que riche et malade. » Ils s'assuraient ainsi de ne pas trop souffrir de l'assurance qu'ils avaient d'être pauvres toute leur vie ; on a le bonheur qu'on peut et il est sage de s'en satisfaire, puisque de toute façon on n'y peut rien de plus. Il s'agit d'une sorte de sage fatalité, qui n'est pas nécessairement souhaitable d'ailleurs.

Au-delà des critères personnels de succès, les seuls critères qui me semblent communs à tous les humains seraient les suivants. D'abord, la liberté de choisir et de décider de sa propre vie selon ses propres désirs et potentialités, à la condition bien sûr d'arriver à les identifier et d'avoir les moyens de ses aspirations. Deuxièmement, l'amour donné et reçu, en qualité et en quantité. Ensuite, le bien qu'on a fait autour de soi, notre contribution à la qualité de la vie de l'humanité, comme le suggère le message aux utilisateurs des toilettes des avions, nous invitant à laisser l'endroit au moins aussi propre à notre sortie qu'à notre entrée. À sa façon, cet exemple caricatural exprime à merveille et concrètement les grands principes civilisés de la règle d'or et du développement durable. Enfin, tel que l'expriment les vœux traditionnels du Nouvel An québécois: «Santé, bonheur et prospérité et le paradis à la fin de vos jours, avant si possible.» Plus sérieusement, «la vie bonne est celle qu'inspire l'amour et que guide le savoir» (Bertrand Russell).

Voilà donc quelques évidences qui tentent de définir une vie humaine réussie. On a tout intérêt à la réussir puisqu'on l'a acquise par un hasard fabuleux et on n'en aura pas d'autre. Pour ma part, jusqu'à maintenant (j'insiste là-dessus pour ne pas tenter le sort, même si je n'y crois pas), je considère, avec «reconnaissance envers la vie» (même si le biologiste que je suis ne sait pas ce que cette expression veut dire), avoir pleinement réussi la mienne. Si c'était à recommencer (j'hésiterais à le faire parce qu'autant de chances et de contingences favorables, ça n'arrive pas deux fois), je ne changerais que quelques détails ici et là. Sans hésitation et avec une infinie reconnaissance, je dis haut et fort merci (même si c'est à rien ni à personne) pour ma vie. Chaque vie humaine est une aventure unique qui mérite d'être racontée et écoutée. Si vous voulez en connaître une réussie, je pourrais vous raconter la mienne, mais parlez-moi plutôt de la vôtre...

Cyrille Barrette

Réplique – Qu'est-ce qu'une vie réussie?

J'ai lu et relu avec gourmandise, comme dirait Rimbaud, votre dernière lettre. Elle mériterait une place dans une anthologie. Simple, claire, nuancée, profondément humaine, elle donne à réfléchir et fait naître le goût de partager avec vous «la reconnaissance envers la vie» qui vous habite. Je conserverai sûrement votre lettre en mémoire…

Au terme de notre correspondance, je dois vous avouer, Cyrille, ma grande admiration devant la science et les savants. Une admiration qu'accompagne une certaine jalousie: j'aurais aimé consacrer ma vie, comme vous, à la recherche et à la découverte de la réalité de notre être et de notre monde. Je m'émerveille devant toute personne, quels que soient son métier et son travail, qui met tout son cœur à l'ouvrage et donne le meilleur d'elle-même. Autant j'admire les savants, autant l'attention aux petits et aux pauvres me révèle des richesses insoupçonnées qui me fascinent et me réjouissent.

J'ai aimé notre correspondance qui n'avait rien d'un débat, mais qui nous fournissait l'occasion de nous exprimer l'un et l'autre, comme en une cantate à deux voix, pour nous accueillir tels que nous sommes et nous comprendre davantage. Je pense que nos lettres apportaient moins de réponses que de questions. Elles ouvrent plus de portes qu'elles n'en ferment. Personnellement, Cyrille, grâce à vos lettres, j'ai dû m'interroger sur ma foi et sur sa rationalité. *Fides quaerens intellectum.* Merci de m'avoir confirmé dans mon athéisme, car je suis convaincu, comme le disait Jean Daniélou, que pour être chrétien, il faut être athée de tous les faux dieux. Je suis sûr que nos réflexions sur les grands thèmes abordés feront « jaser dans les chaumières ». Les discussions suscitées ne peuvent être que fécondes pour la foi tout autant que pour la science.

Cette dernière réplique me permet de récapituler les questions soulevées au fil de nos lettres et qui demandent à être reprises et poursuivies. Est-il vrai que la science physicomathématique est nécessairement athée, puisqu'elle n'a pas Dieu pour objet ? Est-ce légitime de prendre une méthode et d'en faire un système applicable à toute la réalité ? Peut-on passer indûment du particulier à l'universel ? Ou encore, comme dit l'axiome *Post hoc propter hoc,* identifier tout simplement la cause à l'origine ? Qu'est-ce qui justifie l'apparition du nouveau, d'un plus d'être, au fil de l'évolution ? Plusieurs questions se sont posées, pendant notre correspondance, à propos du langage. La science et la religion n'utilisent pas forcément le même langage. Les savants favorisent le langage univoque alors que les croyants privilégient nécessairement le langage analogique. On ne saurait parler de Dieu et des choses de Dieu qu'en utilisant des comparaisons, des images, des symboles, des paraboles. Il y aurait lieu également de poursuivre l'étude de la liberté en regard de la foi qui, selon Pascal, recèle assez de lumière pour être raisonnable et assez d'obscurité pour demeurer libre.

Je ne saurais trop conseiller et recommander aux chrétiens désireux d'approfondir l'intelligence de leur foi de lire et relire la grande œuvre, *l'opus magnum,* de John Henry Newman, sa *Grammaire de l'assentiment.* Un livre difficile, mais qui saura, à coup sûr, ensoleiller le cœur et l'esprit.

Jean-Guy Saint-Arnaud

Réplique – Qu'est-ce qu'une vie réussie?

Ma description de la spiritualité humaniste n'est pas « idyllique », elle est plutôt réaliste, j'en témoigne de l'intérieur, et elle n'a pas pour but de donner au croyant « le goût de se faire athée ». Son seul but est de dire qu'elle est réelle et n'a rien à envier ni à reprocher à la spiritualité religieuse. Je ne veux ni convaincre ni convertir; je m'efforce simplement de dire ce qui est, sans désir de prosélytisme.

La « révélation chrétienne » a peut-être « ouvert la voie à la science » (ce qui n'est pas certain d'ailleurs), mais il ne faut tout de même pas laisser entendre que sans le christianisme, la science n'existerait pas. Merci à la religion pour le compliment: elle juge la science assez digne pour s'en autoproclamer la mère. N'oublions pas tout de même que la science s'est aussi développée en dépit de la religion catholique: Giordano Bruno et Galileo Galilei en sont deux témoins douloureux. J'ose à peine imaginer le sort qu'aurait subi Darwin aux mains de la Sainte Inquisition. Encore une fois, espérons qu'au XXIe siècle nous comprenions assez bien la science et la religion pour savoir qu'elles n'ont aucune bonne raison de s'affronter.

Je suis tout à fait d'accord que, dans le canyon qui sépare nos échanges, il y a une question de vocabulaire et de langage. Je l'ai d'ailleurs souligné dès la première phrase de ma première lettre et à moult reprises par la suite. Cependant, il y a plus. La différence est surtout de l'ordre du discours: la nature du discours, l'objet, l'objectif, les limites, les règles, les dimensions, l'histoire, les exigences du discours, tout est différent. Ce sont deux discours parallèles qui ne peuvent pas vraiment dialoguer[5]. Au mieux le discours de la foi-religion et celui de la raison-science peuvent s'écouter, se respecter et tenter de se comprendre. Si on pratique honnêtement, sincèrement, lucidement et à fond l'un de ces discours, on ne peut pas se convertir à l'autre sans trahir le premier. Je crois que notre correspondance le démontre avec force. Par exemple, quand vous écrivez: «La grande question: laisser Dieu être Dieu, le laisser exercer en nous son action créatrice», j'entends bien, mais sans la foi, ce discours est vide de sens.

Je pense qu'il est vain et nuisible de chercher un discours commun qui pourrait améliorer la science ou la religion ou les rendre compatibles ou complémentaires. De nombreux auteurs parmi les plus brillants et les mieux intentionnés y ont échoué avec éclat (par exemple Teilhard de Chardin). Pour le croyant, la foi et Dieu répondent à tout; pour le naturaliste, ils ne répondent à rien; deux conceptions de l'existence et de la connaissance ne pourraient

5. Yves Gingras, «Qu'est-ce qu'un dialogue entre science et religion?, *Argument*, n° 2 (vol. 11), 2009, p. 16-27.

être plus différentes. Cependant, différent ne signifie ni inégal ni ennemi. Votre vibrant témoignage sur Jésus explique avec éloquence pourquoi vous voulez et aimez y croire. Croyez-moi, je peux admirer et respecter tout cela, même si je ne crois ni à l'incarnation ni à la résurrection.

Nos onzièmes et dernières épîtres démontrent une fois de plus que nous parlons peut-être du même sujet (une vie réussie), mais comme si nous vivions sur deux galaxies que tout sépare, comme si un aveugle et un sourd tentaient de communiquer à l'autre sa perception du monde. Le croyant est sourd à la raison et le naturaliste est aveugle à la foi. Heureusement, les mots et les idées nous ont permis d'observer la galaxie de l'autre, malgré la distance, et de présenter les deux discours dans le même ouvrage en dépit de leur nature distincte. Espérons que ce rapprochement génère chez le lecteur quelque lumière plutôt que de vaines fièvres.

Je demeure convaincu, à la fin de cette correspondance, que le discours de la foi et de la religion ne peut cheminer que parallèlement à celui de la raison et de la science. Notre correspondance offerte ici a permis aux deux discours de se rapprocher et de s'écouter, mais sans jamais se marier ni se combattre. Pour paraphraser André Comte-Sponville, les questions qui nous ont été posées nous ont rassemblés davantage que nos réponses ne nous ont opposés[6]. Ainsi va l'humain, inventant des questions auxquelles il ne peut pas répondre, mais tentant tout de même « sans force et sans armure d'atteindre l'inaccessible étoile » (Jacques Brel). Telle est la quête qui fait de l'animal *Homo sapiens* un véritable humain.

Cyrille Barrette

6. Philippe Capelle et André Comte-Sponville, « *Dieu existe-t-il encore ?* », Paris, Cerf, 2005, p. 39.

Table des matières

Achevé d'imprimer
sur les presses de
Imprimerie H.L.N.
Imprimé au Canada - Printed in Canada